感じのいい言葉で話せる

大人の
いかえ
ート

サク
サク

監修 吉田裕子

はじめに

頼まれた作業をやっていたら、「まだですか？」と急《せ》かされ、カチンときた。

ちょっとした雑談や簡単な連絡でも、あの人と話すと毎回イライラ、モヤモヤとする。

そうした経験はないでしょうか。


私たちは、「言葉の気配り」に欠けている人にイラッとさせられるものです。同じことを言うのでも「そんな言い方しなくていいのに」という同僚、あなたの周りにいませんか。私もそういうイライラ経験をしつつ、一方で思うのです。自分の「言葉の気配り」、大丈夫かな？――と。


「言葉の気配り」に気をつければ、印象はグッとよくなります。

話しやすい人だと思われれば、いろいろなチャンスにめぐりあう機会も増えるでしょう。教養のある人だという印象をうまく与えられれば、さらに信頼される人になれます。

もちろん、正しい日本語が使えないせいで軽く扱われたり、何気ない一言で相手を傷つけて長年の関係を壊してしまったり、といったトラブルも避けられるはずです。

場面に応じた適切な言葉が使える、それによってよりよい関係性を築くことができる、というのは、私たちが生きていく上で、とても大切なことです。

本書では、印象がよくなる84の言いかえテーマを設定し、そのまま使える約170の言いかえ例を紹介しています。

ぜひ仕事の場などで本書の言いかえを実践してみてください。本書に挙げたシチュエーション以外でも、アレンジして使っていただけたらと存じます。いきなり口頭で使うのが難しければ、メールから始めましょう。きっと、今までより「しっかりした人だ」「丁寧な人だ」という印象を持ってもらえることでしょう。

言葉の気配り上手になるために、本書をお役立ていただければ、これにまさる幸せはありません。

吉田　裕子

目次

2章 「お願い」を気持ちよく引き受けてもらえる言いかえ

3章 「謝る」のがもっと上手になる言いかえ

5章

「声かけ」で印象がグッとよくなる言いかえ

6章 「文書・メール」で必ずチェックしたい5つのポイント

1章

きちんと伝わる「正しい日本語」への言いかえ

定型文も、気を使えば「好かれる一言」に

RULE 01

NG

お先に失礼させていただきます。

言いかえ

OK

お名残《なごり》惜しのいですが、このあたりでお暇《いとま》させていただきます。

「お先に失礼させていただきます」は、人より先に帰るときの定番の挨拶《あいさつ》ですが、「先に帰る」行為は「つまらないと感じている」と解釈されてしまうこともあります。去り際に印象が悪くなってしまわないように、丁寧な挨拶をして失礼したいものです。まずは「お名残惜しいのですが」「もう少しお話ししたいのですが」など残念な気持ちを伝え、それでも帰らなければいけない理由（家族、交通事情、翌日の仕事など）を説明して帰るようにしましょう。

同じことは、長く会っていなかった人に言う「お久しぶりです」にもいえます。友人同士の再会にはよいですが、ビジネスや親戚づき合いでは、もう少しあらたまった「ご無沙汰しております」や「ご無沙汰ばかりで申し訳ありません」などを使いたいもの。相手への訪問や連絡を怠った非礼を自覚し、反省の気持ちを込めた気づかいが伝わります。

定番の挨拶だからこそ、相手を大切に思っている気持ちが伝わる言葉を選んで、よい関係を続けられるようにしたいですね。

その他の言いかえ

お久しぶりです。

⇒ご無沙汰しております。

RULE 02

「やる気」を示すときは状況に応じた言葉で

NG

頑張ります。

言いかえ

OK

鋭意努力します。

大きな仕事を任されたりしたとき、「頑張ります」と言うことが多いと思いますが、いつもそればかりだと「また？」という気にさせたり、子どもっぽく聞こえたりすることがあります。「鋭意努力します」や「最善を尽くします」など、状況に応じた具体的な言い方ができると、熱意が伝わるし、相手を安心させることもできるでしょう。

「鋭意」は気持ちを集中して励《はげ》むことを表し、「気持ちを込めて成し遂げるために励む」という意志が伝わります。「最善」とは最もよいことの意味で、「自分ができる限りのことをします」、つまり「ベストを尽くします」という意味になります。

ほかにも「全力を尽くします」「一所懸命《いっしょけんめい》努力します」「尽力いたします」や、強い意志を伝えるときには「全身全霊をささげます」「不退転《ふたいてん》の覚悟で取り組みます」なども使えます。

真摯《しんし》な姿勢が伝わるいろいろな言い方を覚えて、状況や場面に合わせて使ってみましょう。

その他の言いかえ

精一杯頑張ります。
⇒最善を尽くします。

RULE 03

「させていただきます」の連続を避ける

NG

ご報告させていただきます。

言いかえ

OK

ご報告いたします。

メールの文章が「～させていただきました。そして～もさせていただきました。そこで、～させていただけないでしょうか。お願いさせていただけたら幸いです」という「させていただく」の連続になっていないでしょうか。対顧客のほか、社内での上司への報告でもよく見かける悪い例です。

そもそも「させていただきます」は、敬語をはずすと「させてもらう」となり、相手から許可をもらった上で自分が行いたいことがある場合にのみ用います。単に自分の行動などを丁重に伝える場合は、謙譲語をつけて「～いたします」で十分です。

緊急の報告など、経緯の説明では、「～させていただきました」の連続使用はわずらわしいものです。手短に伝えることを心がけましょう。「私は～をしました」「お客様（相手）は～されました」で十分です。丁寧にして、かえって要点や結論が伝わらないのでは本末転倒です。

その他の言いかえ

おかげさまで、結婚させていただきました。
⇒おかげさまで、結婚いたしました。

「丁寧な返事」をして気持ちのよい会話に

RULE 04

なるほど。

NG

言いかえ

ごもっともです。

OK

会話の中でよく使ってしまう「なるほど」は、それ自体に敬語が伴うわけではありません。単体で使うと「うん」や「ああ」と同じような気安い返事のように聞こえることも。「なるほどですね」という無理やり敬語にした例もありますが、「うんですね」に違和感があるように、「なるほどですね」も間違った使い方です。

また、上から目線で評価している印象を与えてしまう心配もありますし、連発すると話を聞き流しているように感じられかねません。敬語で話す場面でなくとも注意が必要な言葉です。

「なるほど」に限らず、適当な言葉やおかしな言葉で返事をしていると、相手はそれが気になって気持ちよく話ができなくなってしまいます。特に目上の方との会話では、「ごもっともです」や「はい」「ええ」などを使うようにしましょう。また、「それで、どうなったんですか?」のような、話を深めたり進めたりする質問もよいでしょう。さらに頷《うなず》きや表情の変化なども使えば、お互い気持ちよく会話ができます。

その他の言いかえ

そうなんですね。

⇒そういうことでしたか。

「もう一回」は相手の機嫌を損ねる

RULE 05

NG

もう一度言っておきますけど……

言いかえ

OK

念のために、再度お伝えさせていただきますが……

取引先へのプレゼンテーションや、同僚や部下への仕事の依頼・指示など、人に何かを説明する場面はよくあるかと思います。このとき、内容が相手に全く伝わっていなかった、いい加減に聞いていたとしか思えない的外れな返事が返ってきた、などといういやな経験が重なると、人はつい、重要ポイントについて「最後にもう一度、言っておきますけど」と語気を強めて念押ししたくなるものです。

強調・念押し自体は悪いことではありません。長い説明になると相手の集中力はもたなくなりますし、ポイントをまとめてもう一度伝えるのは相手への親切です。ただ「あなたの理解力・集中力が低いからもう一度言うんですよ」という上からの態度に思われてしまうと、不要なトラブルにもつながってしまいます。

「念押し」で大事なのは「提案者の謙虚な姿勢」。「私の説明につたない点があるかと思いますので」「お時間を頂戴《ちょうだい》して恐縮ですが」などの言葉を「念のために〜」の前に加えることで相手に好印象を与えます。

その他の言いかえ

内容を繰り返すと……

⇒双方の確認のため、復唱いたします。

RULE 06

「相手の目線」に立った言葉を

NG

ぜひ買ってください。

言いかえ

OK

ぜひお求めください。

お金が動くことについて、あまりに直接的な言い方をすると、下品に聞こえてしまいます。婉曲《えんきょく》的な表現、遠回しな言葉に言いかえるようにしましょう。

例えば、百貨店では「買う」は「求める」、「注文」は「用命」（用事を言いつける）などに言いかえます。これは、直接お金をイメージさせる言葉を使わないための工夫なのです。儲けるため、こちらの利益のために言っているというマイナスイメージを抑《おさ》えて、中立のイメージを感じさせる効果もあります。また、「安い」「お得」といった表現も「お求めになりやすい」「今だけの特別価格」などに置きかえると品格アップ。リーズナブルさを伝えつつも、商品やサービスの品質への信頼を保つことができます。

人の気持ちを動かすときには、直接的な言葉で伝えるよりも、それを受け取る側の目線に立った言葉で伝えたほうが動いてもらいやすくなります。きちんと人の心に届く言葉をかけることこそ大切ですので、言葉選びは慎重にしたいですね。

その他の言いかえ

いつでもご注文ください。

⇒いつでもご用命くださいませ。

「一段上品な言葉」で好印象に

RULE 07

NG

あとでお返事いたします。

言いかえ

OK

後ほどお返事いたします。

会話で使う言葉は、その人自身の印象を左右することがあります。言葉の選び方ひとつで、相手に不快感を与えたり、自分の品位を落としたりする可能性もあれば、逆に、適切で上品な言葉を使うことで落ち着いた知的な人に見られることもあるでしょう。

例えば「あとで」を「後ほど」、「ちょっと」を「少々」、「さっき」を「先ほど」や「今しがた」、「わたしたち」を「わたくしども」、「○人」を「○名様」など、言いかえるだけで上品な印象になる接遇《せつぐう》表現があります。ささいなことかもしれませんが、その積み重ねが自分の言葉、すなわち、人格をつくっていくことにつながります。

会話は相手がいて、初めて成り立つものですから、その相手と心地よく、自分の品格も保ちながら話ができるのが何よりです。そして、お互い好印象を残すことができれば、その後のつき合いにもつながります。そのためにも、普段から上品な言葉選びをして会話をするように心がけましょう。

その他の言いかえ

ちょっとお待ちください。
⇒少々お待ちください。

「ど」よりは「い」で丁寧さがアップ

RULE 08

NG

最近どうですか？

言いかえ

OK

近頃はいかがお過ごしでしょうか？

「どうですか?」は「どう」のあとに丁寧語の「ですか」をつけているので敬語と思われがちですが、実は目上の方に使う言葉として最適なものではありません。「どう」という言葉は、少しカジュアルで、目上の方に向けた言葉というより、同期生や親しくしている先輩との会話に用いる語だといえるでしょう。

目上の方に使う場合は「どう」を「いかが」にしてみましょう。また、「ですか」を「でしょうか」に変えると、少しやわらかい印象になります。さらに、相手を思い「無事に元気に過ごしていてほしい」という期待をのせて、「お変わりなくお過ごしでしょうか?」や「つつがなくお過ごしでしょうか?」と尋《たず》ねる言い方も覚えておくとよいでしょう。特に、メールや手紙など、すぐには返答のないやり取りの場合、こちらが好印象です。

「ど」と「い」から始まる類語には「どっち」「どちら」「いずれ」もありますが、「いずれ」が最も丁寧な印象を与えます。目上の方やビジネスで使うときは「いずれ」を使うのがおすすめです。

その他の言いかえ

どちらも見ておいてください。

⇒いずれもお目通しいただけますでしょうか。

「ら抜き」や「い抜き」は幼い印象になる

RULE 09

NG

あの仕事は
進んでますか？

言いかえ

OK

あの仕事は
進んでいますか？

話し言葉では当たり前のように使われる「い」が抜けた言い方ですが、あらたまった場面や文章では使わないのが賢明です。「進んでますか?」「足りてますか?」ではなく「進んでいますか?」「足りていますか?」となるのが正しい言葉です。

同様に「ら抜き言葉」もやはり正しい表現ではありません。「ら抜き言葉」でよく見られるのは、動詞を打消の表現にする例です。「られない」をつけるべきところ、「ら」を抜いた「見れない」「起きれない」「来れない」になっている人がいます。また、可能の表現でも、「られる」をつけるべきところに「れる」をつけてしまう「見れる」「起きれる」「来れる」などのミスもあります。「い」や「ら」を抜く文法ミスは、幼い印象を与えてしまい、正しい言葉を使えない人と思われてしまうこともあります。みんな使っているからいい、とせず、まだ違和感を持つ人もいる、ということを忘れないようにしましょう。

その他の言いかえ

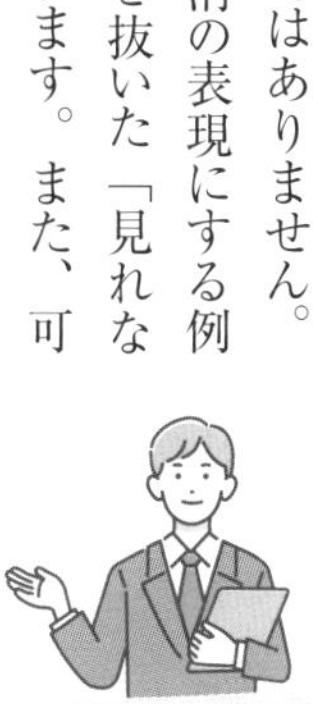

インターネットでも見れますよ。

⇒インターネットでも見られますよ。

いらない「さ」や「れ」をつけ加えない

RULE 10

NG

読まさせていただきます。

言いかえ

OK

読ませていただきます。

敬語の謙譲語のように使われる「～(さ)せていただく」という表現に余分な「さ」が入り「読まさせていただきます」となってしまうのが「さ入れ言葉」です。ほかにも「行かさせていただきます」や「帰らさせていただきます」なども間違った言葉です。「～(さ)せていただく」の直前にア段の音がきているときは「さ」は入れなくてもよいのです。例えば「届けさせていただきます」のようなア段ではないときは問題ありません。

同様に「れ」が余分に入った「れ足す言葉」もよくある誤った表現です。「～できる」という可能を表現したい場合、「行ける」「読める」とするだけでよいところに、さらに可能を表す助動詞の「れる(られる)」をつけてしまい、「行けれる」「読めれる」となってしまったのが「れ足す言葉」で、これも間違った言葉です。

こうした誤った言い方をしていると「言葉を知らない人」という印象を持たれてしまいます。相手から軽く扱われる原因にもなりますので、うっかり使ってしまわないよう気をつけたいですね。

その他の言いかえ

違う意味にも読めれるので直してください。

⇒違う意味にも読めるので直してください。

不要な「のほう」は意外と耳障り

RULE 11

NG

お荷物のほう、預からせていただきます。

言いかえ

OK

お荷物を預からせていただきます。

「○○のほう」は、本来「いくつかの中から、特にこれを」というような比較の表現に使う言葉です。また、「今後は、（私ではなく）○○のほうからご連絡いたします」などのように「○○から」を強調する場合にも使います。「○○のほう」をつけることで、婉《えん》曲《きょく》的なやわらかい表現にするのを好む人もいるのですが、必要のないものに使うとかえって耳障りになることもあります。比較や強調の表現のときにのみ使えばよいのです。

例えば、よく聞くフレーズである「お荷物のほう、預からせていただきます」も「お荷物」を強調する必要はないので、「お荷物を預からせていただきます」と伝えるのが自然ですし、先ほどの「○○のほうからご連絡いたします」も、別に「○○からご連絡します」とシンプルに伝えてもよいのです。

言葉を増やすことが丁寧な表現ではありません。不要なものは使わず、相手が違和感を持たないようにするのも言葉の気配りの一つです。

その他の言いかえ

○○のほうはただいま不在にしております。
⇒○○はただいま不在にしております。

「若者言葉」を誰にでも伝わる言葉に

RULE 12

NG

ぶっちゃけ、やめたほうがいいと思います。

言いかえ

OK

率直に言いますと、やめたほうがいいと思います。

くだけた若者言葉を使うと、知性が感じられず、下品な印象を与えてしまいます。例えば、NG例の「ぶっちゃけ」は「率直に言いますと」「正直に言わせていただくと」「本音を打ち明けますと」「はっきり言いますと」などと言いかえができます。

日本語では、「マジで（本気で、事実として）」「ガチで（真面目に、真剣に）」「ワンチャン（ワンチャンス、もしかしたら可能性がある）」「よき（よい）」「リアタイ（リアルタイム）」などの若者言葉をはじめ、名詞や擬態《ぎたい》語・擬声《ぎせい》語を動詞化した「拒否る」「事故る」「ポシャる」「じわる」など、次々と新しい言葉がつくられます。広く使われるようになって、認められた言葉もありますが、やはりあらたまった場での会話や書き言葉などでは避けたほうがよいでしょう。

言葉の選び方で人からの評価も変わってしまうことがあります。仲間内のときはよいのですが、そうでなければ、誰にでも気持ちよく届く言葉を使うようにしたいですね。

その他の言いかえ

ポシャってしまいました。

⇒残念ながら、中止になりました。

「なのに」「なので」は文の最初に使わない

RULE 13

NG

売上は上がっています。
なのに、利益は落ちています。

言いかえ

OK

売上は上がっています。
しかし、利益は落ちています。

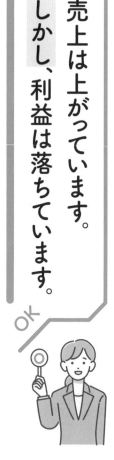

「なのに」は、前で述べたことを否定する逆説の語ですが、本来は文中で使う形です。「それなのに」の「それ」が消え、今では、「なのに」という接続詞として使われることも多くなっています。もともと単独の接続詞ではなく、こういう場合は「しかし」や「にもかかわらず」などを使うのが正しいのです。

「なので」も同様に、接続詞として使われることが多くなっています。こちらも本来は文頭で使わないのが原則ですので、「それなので」とするか、「したがって」「それゆえ」「だから」などの接続詞に言いかえましょう。

話し言葉ではつい文頭に使いがちな「なのに」や「なので」ですが、あらたまった場やメール、手紙などの文章でうっかり使ってしまわないよう、日ごろから気をつけましょう。

また、「なので」は敬語ではないので、文中で使うときも、相手が目上の方なら「〜なので……です」ではなく「〜ですので……です」と丁寧語にするよう気をつけましょう。

その他の言いかえ

業績が好調です。
なので、一時金を支給します。
⇒業績が好調なので、
一時金を支給します。

広まりつつある活用の間違いに注意

RULE 14

NG

すごいきれいな景色ですね。

言いかえ

OK

すごくきれいな景色ですね。

「すごいきれい」、「すごい大きい」などは、最近よく見かける表現ですが、正しくは「すごくきれい」、「すごく大きい」と言います。「すごい」は形容詞の終止形・連体形なので、文末に使うか、うしろに名詞を続けるのが正しい使い方です。そして、動詞・形容詞・形容動詞の前には、連用形の「すごく」を使うのですが、今はそこにも「すごい」を使う人が増えているのです。

ほかにも、間違いやすい文法の問題として「〜みたく」と「〜みたいに」の使い方があります。「○○さんみたくなりたい」という言い方をする人がいますが、正しくは「○○さんみたいになりたい」です。「〜みたく」は「〜みたいに」というべきところを形容詞的に活用した言い方で、くだけた若者言葉という印象です。「ら抜き言葉」（↓P28）や「さ入れ言葉」（↓P30）などと同じく、このような品詞や活用の間違いも、相手に居心地の悪さを感じさせたり、自分がものを知らないと思われたりする原因になるので気をつけましょう。

その他の言いかえ

○○さんみたくなりたい。

⇒○○さんみたいになりたい。

意味を間違えやすい言葉に気をつけて

RULE 15

NG

あの人、あんまり会わないから気が置けないんだよ。

言いかえ

OK

長いつき合いで、すっかり気の置けない仲なんだよ。

「気が（の）置けない」の本当の意味は分かりますか？　「気を置く」には「気を使う」「配慮する」などの意味があり、「気が置けない」というのは「気づかいがいらない」こと。「気を許せない」などと混同しがちですが、正しくは「遠慮がいらない親密な間柄」という意味です。

ほかにも意味を間違いやすい言葉として「役不足」「おざなり」「なおざり」などがあります。「役不足」とは「優れた能力に対して役目が軽すぎる」という意味ですが、「力不足」と混同し「能力が足りない」と謙遜《けんそん》する意味で誤用されることがあります。「おざなり」と「なおざり」は形もよく似ていますが、「おざなり」は「いい加減に物事を行うこと」、一方の「なおざり」は「いい加減にして放っておくこと」を表します。どちらもいい加減ではありますが、「おざなり」はとりあえず物事を行い、「なおざり」は放置、という違いがあります。「夏休みの宿題をおざなり（なおざり）にする」という例文で理解するとよいでしょう。

その他の言いかえ

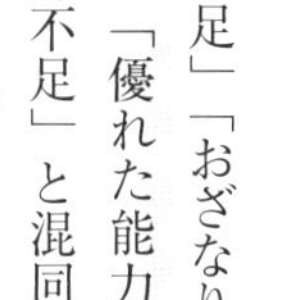

そんな大切な仕事、私では役不足です。
⇒先輩には役不足かと思いますがよろしくお願いいたします。

「セットになる言葉」は正しい組み合わせで

RULE 16

NG

ぜひ参加します。

言いかえ

OK

ぜひ参加したいです。

「呼応（陳述《ちんじゅつ》）の副詞」と呼ばれる言葉を知っていますか？　これは、うしろに特定の言い回しが入る副詞のことです。例えば「ぜひ」を使ったら、願望の「～たい、～てほしい、～してください」などを組み合わせます。「たぶん、おそらく」なら推量の「～だろう」、「決して、全然、少しも」なら打消の「～ない」が文末になくてはいけません。

この呼応の組み合わせが間違っていると、聞いたときに違和感を抱かせてしまいます。「全然大丈夫だ」という表現が、何となく気持ち悪いと感じるのは「全然～ない」の組み合わせが崩れているからです。

ほかには「あまり／必ずしも～ない」、「まさか～ないだろう」、「きっと～だろう」、「もし／たとえ～たら／～なら／～ても」、「まるで～ようだ」、「どうか～ください」などが代表的な呼応です。いずれもセットが崩れると違和感があります。特にメールなどの書き言葉では、これらを正しく組み合わせて使いましょう。

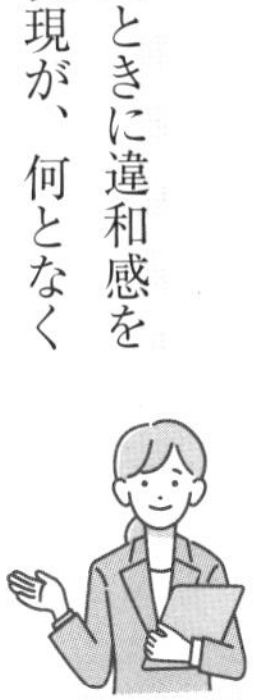

その他の言いかえ

全然大丈夫だ。
⇒**全然問題ない。**

「日本語で十分なもの」は日本語で

RULE 17

NG

エビデンスはありますか？

言いかえ

OK

根拠はありますか？

文章の中に「カタカナ語（主に英語）」を入れ込む表現は、特にビジネスシーンなどではよく見かけます。ただし、相手が必ずしもその言葉を知っているとは限りません。わざわざその単語を使わなくてもよいとき、日本語のほうが分かりやすく伝えられるときにカタカナ語を使われると、わずらわしく感じます。

例文の「エビデンス」は根拠、証拠、裏づけという意味で、医療現場や法廷、役所、ＩＴ業界を中心に使われています。ただし、「根拠（証拠）はありますか？」「裏づけは取れていますか？」などの言い方で十分な場面は多いのです。そのほかにも「プライオリティ」（優先度）、「ベネフィット」（利点）、「アジェンダ」（予定表、行動計画）など、日本語のほうが簡潔に言えることをわざわざカタカナ語で表現することが増えています。

言葉は、いかに分かりやすく相手に伝えられるかを考えて選ぶのが大切です。特に、社外や業界外の人と話すときは気をつけましょう。

その他の言いかえ

プライオリティは低いですね。
⇒優先度は低いですね。

COLUMN

二重敬語に気をつけよう

簡単に使える敬語表現として、「書かれる」や「聞かれる」など、尊敬の意味の助動詞「〜れる」があります。ところが、これに慣れすぎて、何でも「〜れる」とすることが習慣になってしまうと、二重敬語を平気で使ってしまう間違いにつながります。どれだけ敬意を払っていても、一つの動詞に尊敬表現は一回にしましょう。

お聞きになられる
⇒聞かれる／お聞きになる

尊敬語としては「〜れる」または「お〜になる」で十分。二重敬語の「お聞きになられる」は過剰な敬語で不自然です。

おっしゃられる
⇒言われる／おっしゃる

「おっしゃる」は「言う」の尊敬語なので、これ単体で十分です。「言われる」だと受身と混同しやすいので、「おっしゃる」のほうが好ましいでしょう。

ご覧になられる
⇒見られる／ご覧になる

これも、尊敬語としては「〜れる」または「ご〜になる」で十分で、「ご覧になられる」だと二重敬語になっています。

2章

「お願い」を気持ちよく引き受けてもらえる言いかえ

お願いの内容は具体的に伝える

RULE 18

NG

これ、なんとかしていただけませんか？

言いかえ

OK

この点について修正をお願いします。

資料の修正をお願いするとき、「これ、なんとかしていただけませんか?」とあいまいな内容だけを伝えていませんか。「長いつき合いだから分かってくれているだろう」と思って詳しく説明しないこともあるかもしれませんが、お願いがざっくりしていると、自分が思っていたのと全然違うものが出来上がってしまうことがあります。

相手と自分を置きかえて考えてみましょう。漠然とした内容しか伝えられなかった場合、何をどのように直せばよいか分からず困ってしまいますよね。「ここのことかな?」と察して直したとしても、実は全く別のことが問題で、結局修正し直し、ともなりかねません。

誰かにお願いをするときは、「この部分が分かりにくいので、こういうふうに直してもらえませんか?」と具体的な内容を伝えましょう。そしてその際は、「誰に」「どこの」「何を」「いつまでに」「どうやって」直してほしいのか詳しく伝えることで、認識の食い違いを最小限に抑《おさ》えることができます。

その他の言いかえ

何かご意見あればください。

⇒この件について、○○さんのご意見をお聞かせください。

「お願いします」を度合いで使い分ける

RULE 19

NG

資料はなるべくご返却いただきますようお願いします。

言いかえ

OK

差し支えなければ資料はご返却いただきますようお願いします。

他人にお願いをするという機会は、ビジネスに限らずよくあります。しかし、その「お願い」の度合いは、場合によっていろいろです。「なるべくやってほしい」ということもあれば「絶対にしてもらいたい」ということもあるでしょう。相手に気持ちよく引き受けてもらいたいからこそ、場面に応じた適切な言葉を使いたいものです。

例えば「なるべく」という場合、たいていは「もし都合が悪いのでなければ」やってほしいと思っています。そんなときは「なるべくご協力ください」よりは「差し支えなければお願いします」のほうが「都合が悪ければ断っていただいて構いません」というニュアンスが強くなるので、相手の都合に配慮している印象になります。

同じように、絶対にしてもらいたいときは「〜していただきますよう、切に願います」、単純に何かをしてほしいと思っている場合には「〜していただきたく存じます」などを上手に使い分けて気持ちよく引き受けてもらえば、何事もスムーズに進むはずです。

その他の言いかえ

絶対納期に間に合わせてください。
⇒納期を厳守していただきますよう切に願います。

RULE 20

申し訳なさを一言加える

NG

ご協力のほど、よろしくお願い申し上げます。

言いかえ

OK

お忙しいところ恐れ入りますが、ご協力のほど、よろしくお願い申し上げます。

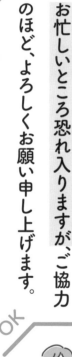

「ご協力のほど、よろしくお願い申し上げます」は一見、問題のないように見えますが、これだけでは自分の都合を押しつけているようにも見えます。

相手は寛大な心でこちらが不便をかけるのを許してくれたり、忙しい時間を割《さ》いてこちらの依頼を引き受けてくれたりするのですから、相手への感謝や相手の都合への配慮は欠かすことのないようにしたいものです。「お忙しいところ恐れ入りますが、ご協力のほど、よろしくお願い申し上げます」や、「申し訳ありませんが、もう少しお時間をいただけますでしょうか？」など「申し訳ない」という思いのクッション言葉を一言添えるのを忘れないようにしましょう。

たった一言ですが、相手を思いやっている、ということが伝わりますし、そうすれば相手もいやな気持ちにならずに依頼を受けることができるのです。

その他の言いかえ

もう少々お待ちいただけますでしょうか？
⇒申し訳ありませんが、もう少しお時間をいただけますでしょうか？

難しい依頼は一層丁寧に

RULE 21

NG

無茶をお願いしているかとは思いますが……

言いかえ

OK

こういったお願いをするのは忍びないのですが……

無茶なお願いは、もちろんしないに越したことはありませんが、ときには避けて通るのが難しいもの。そんなときに頼れる相手だからこそ、お願いの言葉で気分を害して関係を壊してしまわないよう、注意しなければなりません。

どれだけ関係が深い相手でも、「無茶振りをしてしまって悪いとは思いますが」や「きついのは分かっておりますが」などのくだけた表現は避け、「悪いと思っています。申し訳ありません」という意味の一言を添えてお願いをしましょう。

「ご無理をお願いしているのは承知の上ですが」「このようなお願いをするのは忍びないのですが」「勝手を申しますが」など、丁寧なお詫《わ》びの一言が添えられると、こちらの誠意が伝わります。

より深刻な状況で、どうしても力を借りたいなら、その前に「私ではどうにもできず、途方に暮れております」などの一文を加えることで、頼りにしていることを強調するのもよいでしょう。

その他の言いかえ

きついのは分かっていますが、なんとかお願いできませんか。
⇒勝手を申しますが、ご協力いただけますと幸いです。

あいまい表現を避ける（時間）

RULE 22

NG

ちょっと
お時間いいですか？

言いかえ

OK

恐れ入りますが、2分ほど
ご相談してもいいですか？

「ちょっとお時間いいですか？」「後日連絡いたします」などは、誰しも言ったことがあると思います。言う側としては、本当に「ちょっとしたこと」だから遠慮していたり、期日はまだ先だからそのうちに……と思っていたりするのですが、言われた側はどう思うでしょう。

こうした時間のあいまい表現は、相手を「5分ぐらいならいいけど、10分後には会議が始まっちゃう！」と戸惑わせたり、「後日って言われたけど、2日経っても連絡がないぞ」と不安にさせたりしてしまいます。

よく使う「本日中」や「今週中」なども同様に、ややあいまいな時間の表現です。「本日中にお願いします」と言った側は「就業時間内に終わらせてほしい」と思っていても、聞いた側は「夜中まで残業してやればいいや」と考えているかもしれません。

あいまい表現は、お願いだけでなく謝罪（→P90）でも返事（→P168）でもNGです。不要なトラブルを避けるためにも、あいまい表現は避け、できる限り正確に伝えるようにしましょう。

その他の言いかえ

後日連絡いたします。
⇒来週月曜の午前中までに連絡いたします。

あいまい表現を避ける（内容）

RULE 23

NG

作業はちゃんと終わらせてください。

言いかえ

OK

作業が完了したら、報告までお願いします。

時間（→P56）と同じく、お願いするときに使ってしまいがちなのが、内容のあいまい表現です。「ちゃんと」や「徹底的に」などの言葉は「最後までやってください」という意味で伝わっているように思いますが、例えば「ちょっとお時間いいですか？」の「ちょっと」が何分ほどなのかが人によって違うように、「ちゃんと」や「徹底的に」と言ったときも、どの段階まで終えれば「ちゃんと」「徹底的に」やったことになるのかは人によって違うのです。

もちろんそのときの状況や相手との関係にもよりますが、基本的に、誰かに作業をお願いするときには、その内容がはっきりと分かるように詳細を伝えましょう。「ちゃんと」などのあいまいな言葉を使わないのはもちろんですが、「倉庫の整理をしてください」なども、勝手が分かっていない相手であれば当然「あいまいなお願い」です。正しい配置や手順、コツなどを教えたりしないと、思った通りの仕上がりにならず、やり直しなどの余計な手間が生じます。あいまいなお願いは結局、頼んだ自分が損をするのです。

その他の言いかえ

徹底的に間違いをなくしてください。
⇒誤字がないように、
完成後は一度読み返してください。

RULE 24 「みんな」を理由にしない

NG

みんな頑張っているから、きみも頑張ろう。

言いかえ

OK

お忙しいとは思いますが、なんとかお願いできませんか？

「みんな」は、使い方に注意が必要な言葉です。

例えば休日出勤への愚痴《ぐち》をこぼしている人に「みんなも頑張っているからね」と言うと、「みんなも頑張っているから、あなたも頑張って当然だよね」という意味に聞こえます。しかし、みんなが頑張っていることは、その人に負担を強《し》いたり、その人の努力を認めなかったりしてよい理由にはなりません。

「みんながこう言っているから、その通りにしなさい」というのも同じです。「みんな」を理由にして従わせようとすると、「あなたは普通ではない、みんなと同じにしなさい」と言われているように感じさせてしまい、相手の人格を否定することになってしまいます。

人は誰しも、一人の人として扱われたいと思っています。無理をお願いするときは「いつも頑張ってくれてありがとう」、何か注意をするときは「私はこうしてほしいと思う」などに言いかえ、「みんな」を理由にするのはやめましょう。

その他の言いかえ

みんなが迷惑しています。
⇒少し考えてほしいと
私は思っています。

RULE 25

甘えの見えるお願いをしない

NG

これ、やってもらえますよね？

言いかえ

OK

この作業をしていただくことは可能でしょうか。

仕事を依頼するとき、お願いの仕方で相手の「やる気度」は大きく変わります。例えば、「やってもらえますよね？」のように「やってくれるのが当たり前」という態度で依頼するのは、よい印象を持たれません。言われた側は「頼めば何でもやってくれると思われているのかも……」と軽んじられているように感じます。また、今の仕事で手一杯という状況のときに横柄な頼み方をされれば、「こんなに忙しいのに、なんで自分に頼むんだ！」と反発心が生まれることもあるでしょう。

このような「きっとお願いすればやってくれるだろう」という甘えの見えるお願いの仕方はやめ、相手の意思を確認する聞き方をしましょう。相手に、「その仕事を引き受けることが可能かどうか自分で考える余地がある」と思ってもらうことが大切です。「お手数ですが、やっていただくことは可能でしょうか？」のように、へりくだった姿勢で控《ひか》えめにお願いすれば、相手も自分の作業状況を考えた上で快く引き受けてくれることでしょう。

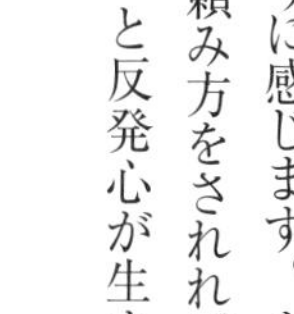

その他の言いかえ

こちらもついでにお願いできますか？
⇒こちらも追加でお願いできますか？

知らないことを聞くときは失礼にならないように

RULE 26

NG

ファイルのダウンロード方法を教えてください。

言いかえ

OK

ファイルのダウンロード方法をご教示ください。

新しい機器の使い方から業界の最新情報まで、誰かにものを教わりたい、という機会はたくさんあります。そんなとき、つい言ってしまうのが「教えてください」ですが、少し軽い印象です。

そんなとき、熟語で「ご教示ください」が使えると、失礼にならず、知的な人だという印象を与えることもできます。少し硬い表現なので、社内の会話程度で使うのは仰々《ぎょうぎょう》しいのですが、メッセージやメールなど文章でのやりとりにはもってこいです。

なお、「ご教授ください」と言うと、体系的に授業をしてほしいというニュアンスになり、変ですので注意しましょう。

また、よく「教えてください」とセットで使う「知らないので」「分からないので」も、理由を述べているため、どうしても言い訳がましい感じになってしまいます。普通ならあまり気にならないところではありますが、気を使う必要がある相手や状況であれば「不勉強で恐れ入りますが」などと知らないことをお詫《わ》びすると、謙虚な人だという印象になるでしょう。

その他の言いかえ

知らないので教えてください。
⇒不勉強で恐れ入りますが、
ご教示いただけますでしょうか。

言いにくいお願いは まず感謝から

RULE 27

NG

資料の再提出をお願いします。

言いかえ

OK

資料の作成、ありがとうございます。ただ、ここだけ修正をお願いします。

上司に頼まれて作った資料を提出したら「企画概要が分かりにくいから書き直してください」と言われた、という場面を想像してみてください。仮に上司の指摘が的確だったとしても、「せっかく頑張ったのに、その言い方はないだろう！」と腹立たしく思いませんか。

こうした腹立たしさは、お願いの前に感謝を伝えることで和らげることができます。例えば、「資料の作成、ありがとうございます。ただし、このままだと企画概要が少し分かりにくいので、この部分は書き直しをお願いできますか？」といった具合です。

人は注意をされると反発してしまいがちですが、ほめられたり感謝されたりすると、うれしくなってついその通りにしてしまうものです。「恐れ入りますが……」などのクッション言葉もよいのですが、注意や指導のような「上から目線」になってしまいがちなことであれば、先に感謝を述べることで相手のやる気を削《そ》がずに伝えることができます。

提出期限は必ず守ってください。

⇒いつも仕事が丁寧で助かっています。ただ、期限は守るようにしていただきたいです。

「お願い」にすることで印象がよくなる

RULE 28

NG

早く終わらせてもらえませんか？

言いかえ

OK

急かすようで申し訳ありませんが、本日中に提出していただけますと幸いです。

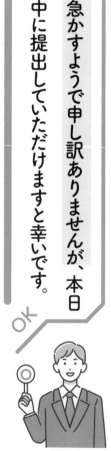

期限がある業務では、どうしても相手を急《せ》かさなければいけない場面が出てきます。とにかく早く仕事を進めてほしいという思いから、「早く終わらせてもらえませんか？」「今日中にやっていただかないと困ります」という言い方をしてしまいがちです。しかし、このように「要求」をされた相手は「どうして自分が相手の都合に合わせなければいけないんだ」と押しつけがましさを感じたり、責められているような不愉快な気持ちになったりしてしまいます。

仕事を急いでもらい、かつ相手をいやな気持ちにさせないためには、「急かすようで申し訳ありませんが、本日中に提出していただけますと幸いです」というように、「お願い」するフレーズを使ってやわらかい表現で伝えましょう。こちらの都合を主張しつつも相手を尊重した言い方をすることで、お互いに気持ちよく仕事を進めることができるはずです。

そして、「お願い」にこたえてくれた相手には、感謝の気持ちを伝えるのも忘れないようにしましょう。

その他の言いかえ

長い話だったら急いでもらえますか？
⇒恐れ入りますが、手短にお願いできますでしょうか。

RULE 29

催促は確認形式にすると トラブルを避けられる

NG

入金していただけますか？

言いかえ

OK

行き違いかもしれませんが、
入金がまだのようです。

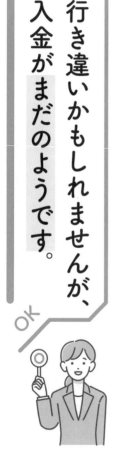

例えば「期日までに入金してもらえていない」という状況になれば、相手への催促《さいそく》が必要です。そんなときに「入金していただけますか?」と伝えると、相手は「わざと入金していなかったとでも思っているのか!」と怒ってしまうことがあります。このように催促は、伝えた側はそんな気がなくても、相手に「非難された」と感じられやすいものです。

特にお金に関する問題は敏感《びんかん》な方が多いため注意が必要です。それ以外に、書類や作業、決裁なども、注意が必要です。そして、どの場合も、対処法は同じです。

催促するときは、確認形式に言いかえましょう。「入金がまだこちらでは確認できないのですが、ご確認いただけませんか?」「進捗《しんちょく》はいかがでしょうか?」「先日お渡しした書類にはお目通しいただけましたでしょうか?」など、相手の動向を確認するような言い方にすれば、催促をしつつも悪い印象を与えずに済み、不要なトラブルを避けることもできます。

その他の言いかえ

まだ完了しませんか?

⇒進捗はいかがでしょうか?

便利な表現「ご一読」 RULE 30

NG

イベントの報告書を送りますので読んでおいてください。

言いかえ

OK

イベントの報告書を送りますのでご一読《いちどく》ください。

資料が添付されたメールに「読んでおいてください」と書かれていると、随分《ずいぶん》とぶっきらぼうで失礼な印象を受けます。かと言って「お読みください」ではあまり変わらない気がするし、「読んでおいていただけますと幸いです」では長くてまどろっこしい……。そんなときに便利なのが「ご一読ください」という表現です。

「ご一読」とは、文字通り「一度読む」という意味で、書類などに目を通しておいてほしいときに使う表現です。まさに「読んでおいてください」と伝えたいときにぴったりの表現です。

また、この表現の仲間には「ご一考《いっこう》」「ご一報《いっぽう》」もあります。「考えておいてください」ではなく「ご一考ください」、「知らせてください」ではなく「ご一報ください」とすることで自然に一段階丁寧な表現にできます。また、「ご○○ください」という表現を増やせるので、お願いの文章が「お～ください」ばかりになりがち……という悩みも解消できます。

その他の言いかえ

商品名変更の件、
お考えいただけますと幸いです。

⇒**商品名変更の件、**
ご一考いただけますと幸いです。

「私」が主語の文章でお願いする

RULE 31

NG

ゴミを捨ててきてください。

言いかえ

OK

ゴミ捨てをお願いできるとありがたいです。

業務の発注などの文章に、「〜してください」と書かれていて、小さな違和感を覚えたことはないでしょうか。あるいは、自分でもつい言ってしまうために、他人から言われても特に気にせずそのままにしてしまっていないでしょうか。

こうしたお願いには、なぜ違和感があるのでしょう。それは、主語が「あなた」だからです。例えば「ゴミを捨ててきてください」だと、ゴミを捨てに行くのは「あなた」ですね。こうした文章は「ユーメッセージ」と呼ばれますが、「あなたが〜しなさい」というメッセージであるせいで、言われた側は自分の行動をコントロールされているように感じてしまうのです。

相手にしてほしいことがあるのなら、私が主語の文章「アイメッセージ」でお願いをするよう心がけましょう。「(私は、あなたに)ゴミ捨てをお願いできるとありがたいです」という、自分の気持ちとして伝える文章になるので、相手に聞いてもらいやすくなります。

その他の言いかえ

郵便局で切手を
買ってきてもらえませんか。
⇒郵便局で切手を
買ってきていただけると助かります。

RULE 32

知恵と力は「借りる」ことができる

NG

手伝っていただけませんか？

言いかえ

OK

お力を拝借《はいしゃく》できませんか？

業務が手に負えないときは「手伝っていただけませんか？」、自分だけで解決できない問題があるときは「アドバイスをいただけませんか？」など、素直に助けを求めるのはとてもよいことです。しかし、相手は貴重な時間を使って親切にも頼みを聞いてくれるわけですから、お願いするときには相手への敬意と感謝を忘れてはなりません。特に年配の方などの気を使う相手であれば、それを丁寧な言葉で表すことが大切です。

そんなときに便利なのが「お力を拝借できませんか？」です。手伝うことを「力を貸す」と言うのの反対で、手伝ってもらうことは「力を借りる」と言います。それを丁寧にして「お力を拝借できませんか？」と謙譲語である「拝借する」を使って言うと、「手伝っていただけませんか？」よりも丁重な言い方になります。

アドバイスが欲しいときも同様に、知恵を「借りる」ことができます。こちらは「お知恵を拝借願えませんか？」と言うとよいでしょう。

その他の言いかえ

アドバイスをいただけませんか？
⇒お知恵を拝借願えませんか？

COLUMN

お願いに便利なクッション言葉

クッション言葉は言いにくいことを切り出すのに便利なフレーズです。本書でもたびたび登場する「恐れ入りますが」「申し訳ありませんが」などは、一言加えるだけで印象がグッとよくなるので、やりすぎない程度にうまく利用しましょう。

もしよろしければ

絶対に、という内容でない場合に使えるクッション言葉です。場合によって「ご面倒でなければ」「ご迷惑でなければ」なども使えるとよいでしょう。

ご迷惑をおかけいたしますが

迷惑のかかるお願いをしなければならないときのクッション言葉です。「ご迷惑をおかけいたしますが、ご了承くださいますようお願い申し上げます」のように使いましょう。

お忙しいところ恐縮ですが

何か用事をお願いするときに便利な、相手への配慮の気持ちを伝えるクッション言葉です。「お手数をおかけしますが」でもOKです。

3章

「謝る」のが もっと上手になる言いかえ

謝罪の主語は必ず自分

RULE 33

NG

うちの若い者がご迷惑をおかけしました。

言いかえ

OK

私の監督不行届きのためにご迷惑をおかけし、申し訳ありません。

謝罪の言葉は、なかなか素直に伝えづらいものです。自分が直接的には悪くないのに謝らなければいけない場合は「どうして自分が……」という気持ちになることもあるでしょう。ただし、謝罪の言葉の主語は、自分でなくては相手に伝わりません。特にビジネスの場では、たとえ部下の過ちだったとしても、相手からすれば組織全体の過ちであり、「若い者が……」と言うと、責任逃れに聞こえます。

まずは自分の指導や監督などが足りなかったことを詫《わ》びる「私の監督不行届きのため」「私の不徳のいたすところです」という言葉で潔《いさぎよ》く謝りましょう。「私」「私ども」などを使い、相手にしっかり誠意を見せるのが大切です。

その謝罪がきちんと相手へ伝われば、「○○さんが悪いわけじゃないので」などと言ってもらえることもあるでしょう。そのときには「××にも、私から厳しく伝えます」と言うこともできるのです。まずは組織をまとめる者として、自分の責任で謝罪をしましょう。

その他の言いかえ

事務の手違いでご迷惑をおかけしました。

⇒私どもの手違いでご迷惑をおかけし、
申し訳ありません。

他人事にせず 率直に謝罪を述べる

RULE 34

NG

今回の件は誠に遺《い》憾《かん》です。

言いかえ

OK

今回の件につきまして、心よりお詫び申し上げます。

政治家の謝罪などでよく聞く「遺憾」という言葉ですが、正しい意味を知らず、何となく謝罪に使っていませんか？　「遺憾」は、本来「残念」「心残りである」という意味で、これ自体に謝罪の意味は含まれていません。自分の過ちに対するお詫《わ》びで使ってしまうと、「誠に残念です」と言っていることになり、他人事のようにとらえていると聞こえてしまいます。

謝罪は、自分のミスを認め、誠意のある言葉で丁寧に伝えることが大切です。「心よりお詫び申し上げます」とストレートな言葉で伝えるようにしましょう。

同じように、最近謝罪でよく聞く言葉で注意したいのが「～だとしたら」です。話の行き違いや誤解からのトラブルで謝罪する場合もあるかもしれませんが、自分に直接非がなかったとしても、実際に相手に迷惑をかけていたのなら「～を（について）お詫び申し上げます」と、率直に謝罪の言葉を伝えましょう。

その他の言いかえ

ご不便をおかけしたのだとしたら、お詫びいたします。

⇒**ご不便をおかけしましたことを、お詫び申し上げます。**

謝罪のときに すぐ理由説明をしない

RULE 35

NG

申し訳ありません。でも事故で電車が遅れていたのです。

言いかえ

OK

申し訳ありません。

謝罪のあとにすぐ「ただ」「しかし」「でも」などと続けて、理由の説明を始めることはありませんか？　謝罪のときは、たとえ自分の側に何かしらの事情があったとしても、まずは迷惑をかけたことに対して、お詫《わ》びをしなければなりません。すぐに言い訳を続けてしまうと反省していないように受け取られ、さらに相手の怒りを買うことになるケースもあります。まずは「申し訳ありません」と潔《いさぎよ》く謝罪をしましょう。

それによって相手の怒りが少し鎮《しず》まったら、失敗やミスの原因を、事実や状況だけ簡潔に伝えるようにします。例えば「電車が事故で止まり、遅れました」「確認作業を十分に行っておりませんでした」などです。このときのポイントは、「できるだけ早く着くよう努力したのですが」「忙しかったので」など気持ちや感情が入った「言い訳」はしないことです。実際に起こった事実だけを伝えるほうが、理由も聞き入れてもらいやすくなります。

その他の言いかえ

すみません。
忙しくてつい後回しにしていました。
⇒申し訳ありません。

「想定外」では、無責任な印象になる

RULE 36

NG

今回のトラブルは、想定外でした。

言いかえ

OK

申し訳ありません。そこまで考えが及んでおりませんでした。

よかれと思ってやったことでも、それで迷惑をかけてしまうことがあります。また、きちんと先を考えていなかったためにトラブルを招いてしまうということもあるでしょう。そんなとき、つい「想定外」という言葉を使いたくなるかもしれませんが、それでは無責任な印象を与えてしまうことがあります。また「そんなつもりはなかった」「こんなトラブルになると思いませんでした」など責任逃れのような言葉を口にしてしまうと、相手の心象を悪くしてしまいます。

トラブルの原因が自分にある限り、まずは非を認めて素直にお詫《わ》びをしましょう。「そこまで考えが及んでおりませんでした」「重要性を把握できていませんでした」「認識と考えが甘く、申し訳ございません」などの言葉で伝えるようにします。

その上で、同じようなミスを起こさないための改善策を考えて伝え、対処すると、相手の信頼を失うこともないでしょう。

その他の言いかえ

こんな大ごとになるとは思っていませんでした。

⇒申し訳ありません。重要性を把握できていませんでした。

RULE 37

うっかり
「うっかり」と言わない

NG

うっかり忘れていました。

言いかえ

OK

恥ずかしながら、すっかり失念しておりました。

誰でも「うっかり」することはあります。予定や納期を忘れたり、普段は犯さない簡単なミスをしてしまったり、その内容はさまざまですが、いずれにせよ失礼であったり相手に迷惑をかけていたりするわけですから、まさか「うっかりしていました、すみません」という軽い表現で謝るわけにはいきません。すぐに、丁寧に謝罪をしたいところですが、「うっかり」していた場合は何と言えばよいのでしょうか？

何かを忘れていた場合には「恥ずかしながら」が使えます。こんな間違いをして恥ずかしい、という気持ちを表せば、反省していることが伝わります。また、目上の方に対する謝罪などでは「迂《う》闊《かつ》にも」がよいでしょう。「うっかり」という意味の熟語で、「忘れていた」という意味の「失念していました」とセットで使います。

同じく「うっかり」で、ミスをした場合には「不注意で」が使えます。「私の不注意でした。申し訳ありません」と謝るほうが、表現が軽くない分、責任を感じていることが伝わります。

その他の言いかえ

うっかり壊してしまいました。

⇒私の不注意で壊してしまいました。

謝罪のときに あいまい表現はＮＧ

RULE 38

NG

これからはちゃんと注意します。

言いかえ

OK

再発防止のため、次のような措置を講じます。

あいまい表現はお願い（→P56、58）でも返事（→P168）でもNGですが、もちろん謝罪でもNGです。謝罪のときは「①言い訳をせず誠心誠意謝罪する」のはもちろんのこと、「②何についての謝罪なのか」と、「③同じことを繰り返さないため、次からどうするのか」を明らかにしなければなりません。「これからはちゃんと注意します」では、謝罪に大切な②と③の内容が欠けているのです。

お詫《わ》びの3点セットがしっかり入った謝罪文は「ご迷惑をおかけしましたこと、心よりお詫び申し上げます。二度とこのようなことを起こさぬよう、品質管理の体制を整えてまいります」などです。「次からどうするのか」には、具体的な方法が入るとよいのですが、仮に、本当に「ちゃんとやる」のであっても「再発防止のため、十分に注意をはらって作業を進めます」など、少し硬い言葉で具体性のある表現を選ぶとよいでしょう。

その他の言いかえ

次からはしっかり確認します。
⇒ミスを防ぐため、
以下のように改善いたします。

「諦めの言葉」は「反省の言葉」に

RULE 39

NG

うーん、無理でしたね。

言いかえ

OK

自分の勉強不足がよく分かりました。

頑張ったのに成果につながらず、これまでの苦労や努力が水の泡……とても悔しい状況で、つい「うーん、やっぱり無理でしたね」「いやー、頑張ったんですけど……」などといった諦《あきら》めの言葉を口にしてしまうところです。しかし、こんなときこそ言葉に気をつけなければいけません。

このような諦めの言葉は、相手に「この人、本当に頑張ったんだろうか？」と不安を持たせます。あなたが結果を出せなかったことで、ただでさえ相手は不満を感じているのですから、これでは相手を一層不愉快な気分にさせてしまいます。

もし成果を出せなかったときは、その事実ときちんと向き合い、「自分の勉強不足がよく分かりました」「力が及ばず、申し訳ありません」など、率直な反省の気持ちを述べるようにしましょう。誠意が相手に伝われば、それ以上怒られずに済むでしょうし、もしかすると次の機会につながるかもしれません。

その他の言いかえ

いやー、頑張ったんですけどね。
⇒力が及ばず、申し訳ありません。

拒否感の強い言葉を避ける

RULE 40

NG

せっかくの機会ですが、
お断りいたします。

言いかえ

OK

せっかくの機会ですが、
今回はご遠慮いたします。

断りの言葉というのは伝えづらいものです。ただし、今後のおつき合いを考えるのなら「やめておきます」より、次回があることに含みを持たせる「今回は見送らせていただきます」を使いましょう。きっぱり断るのではないため、伝えやすい言葉ともいえます。

ほかにも「遠慮させていただきます」「見合わせます」「辞退させていただきます」などの言葉も使えます。大切なのは相手に不快な思いをさせず、わだかまりも残らないように伝えることです。どうしても受け入れられない申し出だったとしても、できるだけ、やわらかな表現を使って断るようにしましょう。

断りの理由を詳しく伝えられないケースであれば、「諸般《しょはん》の事情により」を使うのがおすすめです。さまざまな要因が複雑に絡んでいることを、スマートに伝えることができます。

申し出を断るときこそ、丁寧な言葉づかいで相手を思いやった対応を心がけましょう。

その他の言いかえ

部長にストップをかけられたので、お断りいたします。

⇒**諸般の事情により、今回は遠慮させていただきます。**

相手の好意を断るときは「拒絶の言葉」を使わない

RULE 41

NG

悪いんですけど、いりません。

言いかえ

OK

ありがたいのですが、お気持ちだけ頂戴《ちょうだい》します。

菓子折などを贈ったり受け取ったりという場面はビジネスシーンに限らずよく見られます。ただし、最近は会社の規則で受け取れない場合もありますし、そうでなくても、何かの事情で贈り物を受け取れない場合はあります。

しかし、相手も好意で持ってきてくれたわけですから、「いりません」「受け取れません」「結構です」など、はっきりと拒否を表す言葉を使うのも気が引けます。

そんなときは「ありがたいのですが、お気持ちだけ頂戴します」と言いましょう。贈り物をしたいという相手の気持ちはありがたく受け取って、物のほうだけ遠慮する言葉です。物を受け取らないことも否定表現を使わず伝えているので、相手も気を悪くしません。

また、もし会社の規定で受け取れないのであれば「申し訳ありませんが、弊社の規定で、ご贈答品は辞退させていただいております」と言うこともできます。会社の決まりのために、やむを得ず辞退することが伝わり、相手との関係を損ねずに済むでしょう。

その他の言いかえ

受け取れないんです。

⇒申し訳ありませんが、
弊社の規定で、ご贈答品は
辞退させていただいております。

あらたまった表現にすれば気持ちが伝わる

RULE 42

NG

どうかお許しください。

言いかえ

OK

何卒ご容赦《ようしゃ》ください。

相手に対して許しを請う場合で用いる「お許しください」という言葉ですが、ビジネスシーンではもう少しあらたまった「ご容赦ください」を使いましょう。「ご容赦ください」という言葉では「こちらの過ちなどに対して寛大な対応をお願いします」という意思を伝えることができます。使い方としては、「しばらくはご不便をおかけしますが、ご容赦ください」などになります。どうしようもない事象や不可抗力な出来事ゆえ希望にそえなかった場合や迷惑をかけてしまった場合に使います。ほかに、「ご寛恕《かんじょ》ください」という言い方もあります。

ただし、明らかにこちらの不手際があった場合や間違い、ミスなどに対しては、適切な表現ではありません。丁寧な謝罪の言葉を伝えなければかえって失礼になります。そんなときは、自分のこととして「反省しております」などの言葉で伝えましょう。

なお、「ご容赦ください」は、謝罪のときだけでなく、依頼を断る場合にも使える（→P113）ので、覚えておくとよいでしょう。

その他の言いかえ

悪かったと思っています。
⇒深く反省しております。

ドタキャンのときは あらたまった表現を

RULE 43

NG

ちょっと急用が入ってしまいまして、本日伺うのは難しくなりました。

言いかえ

OK

やむを得ない事情ができまして、本日伺うのは難しくなりました。

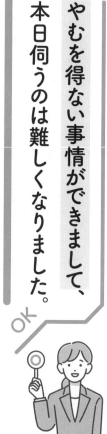

ドタキャンは、新しい用事を優先し、約束をした相手のことを軽く見ているという印象を与えてしまいます。相手が「いいよ」と大人の対応をしてくれたとしても、迷惑をかけていること、相手が準備していたことが無駄になってしまうことにはかわりません。決して気分がよいことではないでしょう。その気持ちをきちんと受け止め、開き直りに聞こえないよう、お詫《わ》びの言葉はあらたまった表現を選びましょう。

あらたまった言い方とは、「やむを得ない事情」「急な差し支え」などです。より事態の急迫《きゅうはく》性を出すなら「よんどころない事情」という表現もよいでしょう。また、文頭や文末に「ご迷惑をおかけしますが」などをつけるのもおすすめです。

先にきちんとお詫びをしてから、できる範囲で事情説明や、「本日の打ち合わせを後日にしていただけないでしょうか?」など、延期の提案を行いましょう。ドタキャンは最も失礼なことなので、真《しん》摯《し》に謝罪するのが大切です。

その他の言いかえ

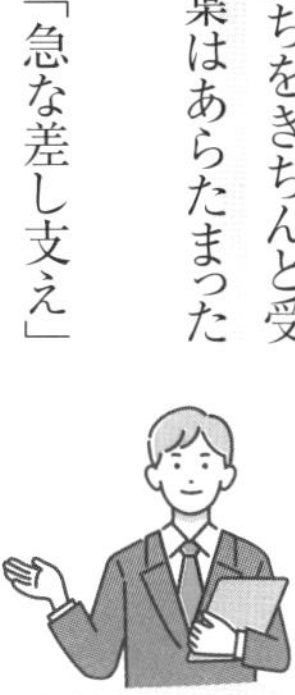

どうしても行けなくなってしまいました。
⇒よんどころない事情がありまして、
伺えなくなってしまいました。

残念に思っていることを合わせて伝える

RULE 44

NG

別の予定が入っておりますので……

言いかえ

OK

あいにくですが、別の予定が入っておりますので……

相手の誘いや要望を断るなど、心苦しいことを伝えるときは、ただ断りの言葉を並べるのではなく、残念に思っている気持ちを伝えるクッション言葉を使うようにしましょう。

自分としてもこの状況を憎らしく思うのですが、という意味の「あいにくですが」などの言葉を、断りの前に添えるのです。ほかにも「せっかくのお話ですが」「伺いたいのは山々ですが」などもあります。

特にあらたまった場面や書面では「誠に遺憾《いかん》ではございますが」という表現を使ってもよいでしょう。自分としても本意ではなく、とても残念という思いを伝える言葉です。謝罪の言葉として使うのは不適切（↓P82）ですが、申し訳ないと思っていることを伝えるクッション言葉としては適切です。

断るときこそ、思いやりのある伝え方をしないと、相手はこれから誘いづらくなってしまいます。自分に対して言葉をかけてくれた相手の気持ちに対して配慮のある言葉を選んで伝えましょう。

その他の言いかえ

私にはできません。
⇒せっかくのお話ですが、
私には荷が重いです。

忙しいときは「自慢」に聞こえないように

RULE 45

NG

ごめんなさい、最近忙しくて……

言いかえ

OK

どうしても手が離せない仕事があって……

「忙しい」という言葉は、「忙しい自慢」「忙しいアピール」などの表現があるように、実は言い訳や自慢話に受け取られることがあります。相手に対して「自分の依頼は優先度が低い」という印象を持たれてしまうこともあるかもしれません。

そんな場合は「忙しい」ではなく、「どうしても手が離せない仕事がありまして」「少々立て込んでおりまして」などの少しあらたまった表現で、緊急性や重要性のある要件を抱えていることを伝えましょう。また「決算月」など、相手も納得するような事情があるなら、あえて具体的に伝えるのもよい方法です。

さらにそのあとに依頼に対しての具体的な予定や見通しなどを伝えると、相手もすんなり受け入れやすくなり、好印象になります。

「忙しい」という言葉は、自分の行動を正当化するために使うと逆効果。断るにしろ、謝るにしろ、「忙しさ」は言い訳にしないで、丁寧な言葉で誠実に伝えるようにしましょう。

その他の言いかえ

今、別件で忙しいので……

⇒少々立て込んでおりまして……

RULE 46

「謝罪」より「感謝」を

NG

忙しいのに、わざわざすみません。

言いかえ

OK

お忙しい中、貴重なお時間をいただき、ありがとうございます。

自分のために相手がしてくれたことに対して、どのような言葉をかけますか? つい気兼ねして「すみません」と言ってしまうこともありますが、そこは相手への感謝を伝える「ありがとうございます」と言うようにしたいものです。

自分のために時間を割《さ》いてもらったり、行動してもらったりすることが、申し訳ないと思う気持ちは分かります。ただし相手は快く動いてくれているのかもしれません。それに対し謝罪の言葉「すみません」を言ってしまうと、「かえって悪かったのかな」というマイナスの気持ちにさせてしまうことがあるのです。

お礼には、申し訳なさの「すみません」ではなく、うれしかった気持ちをのせた「ありがとうございます」を使いましょう。

さらに丁寧に伝えるとしたら、恐縮の気持ちを伝える「ご配慮痛み入ります」「恐れ入ります」などの言い方もあります。目上の方に伝えるときや、「ありがとう」の気持ちだけでは足りないときに、使ってみるとよいでしょう。

その他の言いかえ

親切にしていただいてすみません。
⇒ご配慮痛み入ります。

COLUMN

謝罪の便利なフレーズ集

謝罪とお断りは、どちらも言い出しにくいもの。余計なことを言って失敗したくないと思うと、何を言えばよいのか分からなくなってしまいます。さまざまな場面で使える便利なフレーズをいくつか覚えておけば、きっと役に立つでしょう。

深くお詫び申し上げます。

「大変申し訳ございません」と同じく、謝罪に使える言葉です。謝罪の理由と合わせて「ご迷惑をおかけしましたこと、深くお詫《わ》び申し上げます」なども使えます。

事情をお汲み取りいただけますと幸いです。

相手に説明しにくい、やむを得ない事情がある場合に使います。相手の度量に期待し、「こちらの事情を察してもらえると助かります」という意味です。

4章

「言い返す」とき角が立ちにくくなる言いかえ

まずは相手の主張を受け止める

RULE 47

NG

そんなことはありませんよ。

言いかえ

OK

確かにその通りです。ご指摘の点について説明します。

相手の発言に誤解や間違いがあったとしても、即座に「そんなことはありません！」「いや、それは違います！」と否定するのはNGです。否定された側はその言葉にイラッとするばかりか、反論に耳を傾けるのを拒絶してしまうでしょう。

相手の発言と異なる意見を述べるときは、一旦、相手の言葉を受け止めることで、印象を和らげることができます。このときに使えるのが「確かにその通りです」「そう思われても当然です」「鋭いご指摘です」などのクッション言葉です。相手の意見を尊重している旨《むね》を伝えることで、意見を聞いてもらいやすくなります。

ただし、クッション言葉の直後に「しかしですね」「ですが」と否定語を言うと、せっかくのポジティブな印象が台無しになってしまいます。「ご指摘の点を説明しますと」「実はですね」などと、肯定の流れのまま意見を伝えましょう。反論するときこそ、相手の立場を尊重する姿勢を忘れてはいけません。

その他の言いかえ

納得できません。
⇒いくつか確認させていただきたい点があります。

「無理！」と思ったときも丁寧に断ろう

RULE 48

NG

私には無理です。

言いかえ

OK

私には荷が重いです。

例えば、どう考えても自分にはできそうにもないことを依頼されたとき、安請け合いしてしまうと後々トラブルになったり、周囲に迷惑をかけてしまうことがあります。自分のスキルを客観的に見て、できそうにないことは断るというのも大事な判断です。

とはいえ、「私には無理です」「それはできません」とストレートに言うと、「やる気がないのか！」「ワガママだ！」と思われる恐れもあります。このようなときは、クッション言葉もつけ、「身に余るお話ですが、私には荷が重いです」「残念ですが、私では力不足です」とするのが適切です。「経験が浅いため、お引き受けしてはかえってご迷惑をおかけすることになるかもしれません」などとつけ加えれば、相手も納得するでしょう。

ところで、「力不足」と間違えやすい表現に「役不足」があります。役不足は、能力に対して与えられた役が軽いことを表す言葉です（→P41）。「自分には無理！」というときは「力不足」を使いましょう。

その他の言いかえ

もう無理です。
⇒ご容赦いただけますでしょうか。

拒絶せず、代案を示す

RULE 49

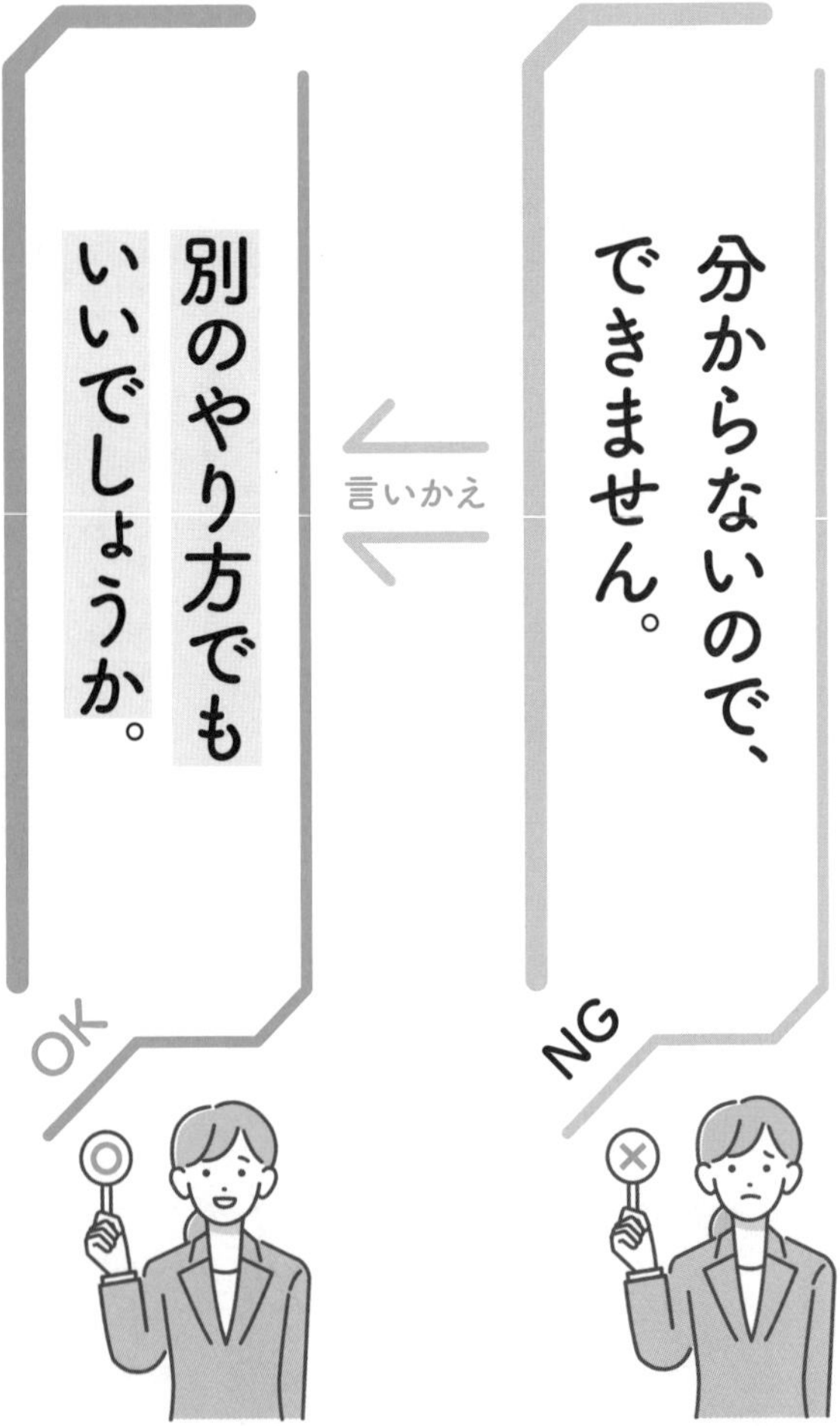

NG
分からないので、できません。
言いかえ
OK
別のやり方でもいいでしょうか。

何人かで役割を分担して一つのプロジェクトを進めることがあります。もし自分の苦手分野の仕事が割り当てられた場合、「苦手な分野で、よく分からないので、できません」「やったことがない方法なので、できません」という言葉を使うと、相手に「やる気がないのか！」「協力しないのか！」と思われるでしょう。

自分のやる気を伝えるためには、「別のやり方でもいいでしょうか」「こちらの方法ならできるのですが……」と、代案を提示するのがポイントです。そうすれば、「自分にできる方法で、何とかチームの力になりたい」という前向きな姿勢を示すことができます。

また、チームで仕事をするときは、何よりもお互いにコミュニケーションを取り合うことが大切です。分からないことを知ったかぶりして進めていると、後々みんなに迷惑をかけてしまうことになりかねません。疑問点は質問したり、アドバイスを求めるよう心がけましょう。

その他の言いかえ

私、それ得意じゃないんです。
⇒こちらの方法であればできるのですが……

一旦自分の非を認める

RULE 50

NG

それは先日もお伝えしております。

言いかえ

OK

説明が分かりづらくて失礼しました。

以前に説明した事柄をもう一度質問されるのは、わずらわしいものです。しかし、「自分はすでに説明している」とアピールするために「先日もお伝えしました」とするのは不適切です。反対の立場になって想像すれば分かるように、このフレーズは自分の落ち度を指摘されているようで、とても不快な気分になるのです。

相手を立てるためには、「説明が分かりづらくて失礼しました」と自分の側の非をまず認めましょう。その上で、相手が分かりやすいようにもう一度説明します。メールの場合は、再度詳細をまとめて返信するとよいでしょう。

また、相手が誤解している場合や、意味を理解していない場合も、「それは違います」というのではなく、「言葉足らずで申し訳ございません」と、まずは謝ることを心がけましょう。

相手に配慮した真摯《しんし》な対応は、「この人なら任せられる!」という信頼を得ることにつながるでしょう。

その他の言いかえ

それは違います。
⇒言葉足らずで申し訳ございません。

知識をひけらかすような態度を取らない

RULE 51

NG

ご存じないと思いますが……

言いかえ

OK

ご存じかもしれませんが……

商談や取引先との会話の中で、一般的には知られていない情報など〝ここだけ〟の話を伝えることがありますよね。特別な情報を伝えることで距離が近づき、円滑に仕事を進められる場合もあるでしょう。

しかし、そんなとき、「ご存じないと思いますが」と切り出すのは大変失礼です。「自分は知っている」けれど、「あなたは知らない」と言わんばかりの表現です。無知な相手に教えてやっているという上から目線の印象を与えてしまいかねません。これではせっかくうまくいっていた話も台無しになってしまうでしょう。

相手が絶対に知らないと思われる話であっても、「ご存じかもしれませんが」という言い方が適切です。これならば、相手を立てながら特別感を与えることができます。

また、会話の中で、難解な専門用語や横文字の言葉を多用するのも、相手にとっては見下されているように感じられるもの。相手が理解できる言葉を使って話すよう気をつけましょう。

その他の言いかえ

お気づきではないかもしれませんが……
⇒お気づきかもしれませんが……

高圧的な表現を避ける

RULE 52

NG

前から言いたかったけど……

言いかえ

OK

それもいいと思うけれど……

同僚や後輩に不満や要望を伝えるとき、高圧的な態度になればなるほど、相手の反感を買ってしまいます。「それは違う」「ダメ」と一方的に否定するのではなく、「こうするのはどうかな?」などと代案を提示するようにしましょう。

切り出し方一つとっても、「前から言いたかったけど」「今まで黙っていたけど」のような一言は、過去の言動まで蒸し返されているように感じさせてしまいます。

「それもいいと思うけれど、私はこのやり方の方が効果的だと思う」のように、前半で相手を受け止め、受け入れる言葉を使い、責める意図はないことを示すことが大切です。

仕事中の態度などに対して助言するときも、一方的にダメなところを指摘するだけでは、相手は聞く耳を持たなくなります。「あなたの真剣な姿勢はすごくいいと思うのだけれど、もう少し周りにも気を配った方がいいと思う」のように、まず相手のよい点を挙げるとよいでしょう。

その他の言いかえ

今まで黙っていましたが、そのやり方はよくないと思います。

⇒そういう方法もあると思いますが、この場合はこちらもいいと思います。

評価的な態度を取らない

RULE 53

NG

それは違うんじゃないですか？

言いかえ

OK

どうしてそう思うのですか？

「それは違うんじゃない？」と言われて、カチンときたことはありませんか？　あるいは、自分のアイデアなどを「そんなのいらないよ」と言われて、イラッときたことはありませんか？

　私たちは、なぜこういう言葉に怒りを感じるのでしょう。それは、「違う」や「いらない」が、「意見」ではなく「評価」だからです。評価は、普通立場が上のほうから下のほうにします。評価をするということは、つまり自分が評価する側＝上の立場だと思っている、ということです。その「上から目線」が、私たちは気になるのです。

　これは、私たちが話すときも同じです。相手に対して評価を含んだ言葉で反論をすると、相手に「何を勝手に決めつけているんだ！」と、いやな思いをさせてしまいます。評価には先ほどの「正しい／違う」や「必要／不必要」などのほかにも「良い／悪い」や「上手／下手」など、挙げるときりがありませんが、何気ない一言で相手との関係を悪くしないためにも、評価を含まない言い方への言いかえを心がけましょう。

その他の言いかえ

そんなのいらないですよ。
⇒必要だと思われる理由をお聞かせいただけませんか？

怒りに任せず冷静に言葉を選ぶ

RULE 54

NG

こんな状態であれば、今後のことは考えさせてもらいます。

言いかえ

OK

このような状態であれば、今後はご遠慮させていただきます。

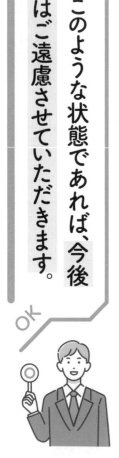

例えば、取引先のミスが続き、自社が迷惑を被《こうむ》っているとき、怒りに任せて「どうしてくれるんですか」「今後のこと（取引）は考えさせてもらいます」などと言ってしまいがちです。しかし、これらの言葉は脅《おど》しと取られることもあり、不適切です。「このような状態であれば、今後はご遠慮させていただきます」のようなあらたまった冷静な言い方で、意図的に相手との距離を取り、問題の深刻さを伝えましょう。

そもそも取引先などにクレームを入れるとき、完全に関係を断絶しようと考えているわけではないでしょう。感情的になったり、「○○さんはいつもミスをしますよね」のように相手の人格を否定するような発言をしたりすると、関係は修復不可能となります。一方、何となく言いづらいからといって何も言わずに黙っていれば、自社が負担を強《し》いられ続けることになります。

こちらの要望はきちんと伝えつつも、あくまで冷静な態度で相手に是正を求めることが大切です。

その他の言いかえ

そんなの、認められるわけないじゃないですか。

⇒**こちらもさすがに承服いたしかねます。**

勘違いの指摘は疑問や推定の文章で

RULE 55

NG

その件は聞いていません。

言いかえ

OK

そちらは初めて聞くお話のようです。

ビジネスにおいて「言った」「聞いていない」などのトラブルはつきものです。

例えば全く聞き覚えのない話を、「この間伝えたあの件はどうなってる？」などと聞かれたとき。「えっ、聞いてませんよ」「知りません」と言い切るのは、無責任かつ、相手を責める印象を与えかねません。それに、実際は自分の勘違いで、すでに聞いていたということが発覚すれば、さらなる問題へと発展してしまうでしょう。

同じ意味でも「初めて聞くお話のようです」「そのお話は聞いていないようなのですが」という推定や疑問の表現にすると、相手も「あれっ、そうだったかな？」と思い直すきっかけとなります。

また、相手の話がそれまでと異なっている場合は、「以前とお話が違っているようです」というと角が立ちません。さらに、「こちらの心得違いかもしれませんが」「私の記憶違いかもしれませんが」と前置きすると、よりやわらかいニュアンスになります。

その他の言いかえ

それでは、以前のお話と違います。

⇒以前のお話から変更になっているようですが、よろしいですか。

強く迫るときも「お願い」の形で

RULE 56

NG
ちゃんと答えてください。
言いかえ
OK
明確なご回答をいただけないでしょうか。

肝心なところで話をはぐらかしたり、根拠を示さずあいまいな表現しかしない人がいると、思わず「ちゃんと答えてください！」「なんで答えないんですか！」などと言ってしまいたくなります。

しかし、乱暴な言葉づかいや、詰め寄るような姿勢は、こちらの品格を下げ、その場にいるほかの人まで不快な気分にさせます。いくらこちらの言い分が正しくても、相手に話を聞いてもらえなくなってしまうことも多いでしょう。

このような場合にはP124にもあるように、「明確なご回答をいただけないでしょうか？」「具体的な根拠を教えていただけないでしょうか？」と、あえてあらたまった言い方で落ち着いて話すことです。こちらに非がないことをさりげなく示し、相手に事の重大さを分かってもらうとよいでしょう。

自分で感情をコントロールすることも社会人の一つのスキルです。怒りを感じたら、まずは一呼吸おいて冷静になることを心がけてみてください。

その他の言いかえ

はっきりとしたお答えをいただけませんか。
⇒誠意あるご回答をお待ちしております。

無理な依頼にも肯定文で釘を刺す

RULE 57

NG

もう二度としないでください。

言いかえ

OK

今回限りでお願いします。

長いつき合いの取引先から「人助けだと思って」と底値に近い金額での取引を提示されたり、「急な仕様変更で、どうにも引き受け手が見つからなくて」と、無茶な納期での作業を依頼されたり……このような困ったお願いは、本来なら断りたいところですが、今後のことを考えると、今回は引き受けて、次はないと伝えたいところです。

そんなときは、「今後一切このようなことはやめてください」というストレートな表現を避け、「このようなことは今回限りでお願いいたします」のように言いましょう。

「〜しないでください」という否定的な表現を「〜してください」という肯定的な表現にかえれば、相手もそれほどいやな気持ちになりません。それだけでなく、相手には「今回〝は〟引き受けてあげる」というポジティブな側面を強調して相手に恩を感じさせられますし、また、「今後も甘えられると思うなよ」ということが伝われば、次回以降の厄介《やっかい》なお願いを避けることもできます。

その他の言いかえ

このようなお願いは、
今後はやめてください。
⇒このようなお願いは、
今後はご遠慮ください。

RULE 58

結論を相手に任せない

NG

断ってもいいですか？

言いかえ

OK

少し難しいと思いますので、
お断りしたいです。

頼まれたことを断るのは、誰でも勇気がいるもの。しかし、返事を先送りしたり、あいまいな答えをすれば、相手は困惑してしまいます。中には、頼まれたことに対して「断ってもいいですか？」「無理って言ってもいいですか？」と聞き返す人がいます。あるいは、「○○、そうかあ〜、いけるかな……」などと独り言のように言う人も。これは、相手に自分の状況を察するように促《うなが》しているようなもの。「そっか。難しいっていうことだね」という結論を向こうが出してくれるのを待っていると言ってもよいでしょう。

このような返し方は、頼んだ側にすれば、自分の依頼が軽く扱われているように思われます。「なんだ！　その答え方は」と憤慨《ふんがい》するはずです。

どうしても断らなければならないときは、「○○なので、お断りしたいです」などと理由を述べた上で、できないという意思を表しましょう。自分の言葉で責任を持って結論を出すことが、相手からの信頼につながるものです。

その他の言いかえ

お送りした封筒に同封したと思うんですけど。

⇒お送りした封筒に同封したかと存じますので、ご確認いただけませんか？

自分が主語の文章で説明する

RULE 59

NG

どうして分かっていただけないのですか？

言いかえ

OK

私はこのように理解していただきたいのですが。

お互いの意見が一致せず、議論がまとまらないとき、なぜ相手は理解してくれないのかと、不満に感じてしまうものです。しかし、その不満をそのまま相手に伝えてしまうと、ますます険悪な雰囲気になり、問題解決が遠のいてしまいます。

「どうして（あなたは）分かっていただけないのですか？」という文のように、相手を主語にした言い方は「ユーメッセージ」といわれます。言われた相手は、「一方的に責められている」「決めつけられている」「批判されている」と感じ、憤慨《ふんがい》するでしょう。

相手を責めることなく自分の思いを伝えるには、「私」を主語にする「アイメッセージ」を使うようにしましょう。このような場合であれば、「私はこのように理解していただきたいのですが」と伝えるのが適切です。

仕事の分担などを相手に依頼する際も、「（あなたは）これをやってください」というより、「（私は）ぜひこれを◯◯さんにお願いしたいと思います」と伝える方が相手に受け入れられやすくなります。

その他の言いかえ

だって、〜じゃないですか。

⇒〜ではないかと私は思います。

RULE 60

話がかみ合わないときは相手を誘導する

NG

私は反対です。

言いかえ

OK

そうであれば、○○はどのようにお考えでしょうか。

会議や話し合いの場で、自分の意見を表明することは大切です。しかし、反論する際、いきなり「私は反対です」「賛成できません」などというと、その場の空気が悪くなり、人間関係にまで影響を与えてしまうこともあります。

相手の意見に矛盾があり、賛同しかねる場合は、「そうであれば、○○の点はどのようにお考えでしょうか？」のように、疑問点を具体的に投げかけるのがおすすめです。サッカーなどでパスを出すイメージです。そうすれば相手は、「確かに○○には問題がありますね。それでは△△案のようにいたしましょうか」などと意見を修正してくれる場合もあり、スムーズに問題を解決することができます。

また、会社の意見として取引先などに同意できないことを伝える場合も、ただ「同意できません」だけでは角が立つことがあります。その場合は、「弊社の見解は異なります」と述べ、こちらの考えを説明するとよいでしょう。

その他の言いかえ

ご提案に同意することはできません。

⇒弊社の見解は異なります。

相手のメリットを伝える

RULE 61

NG

それでは結論が先送りではないですか。

言いかえ

OK

あいまいなままにするのはお互いに好ましくないと思うのですが。

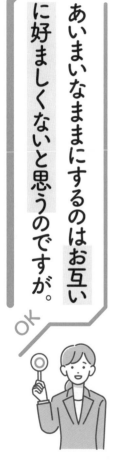

相手の意見を考え直してもらうには、相手にとってのメリットを伝えるのが有効です。「それはおかしいです」などと一方的に自分の主張をしても、相手は聞く耳を持ちません。

例えば、会議で相手がなかなか結論を出さないとき、焦《あせ》りやいら立ちに任せて「それでは結論が先送りじゃないですか！」と相手を責めてしまったら、ますます話がこじれてしまうでしょう。

まずは「あいまいな状態はお互いにとって好ましくないと思うのですが」と、先方にとっても、今のままでは不利益があるということに気づいてもらうことが大切です。そして、「今どちらの案かに決めていただければ、納期を○日ほど早めることができます」などとメリットを伝えれば、相手は納得してくれるでしょう。

相手のメリットを伝える方法は、やむを得ず無理なお願いをするときにも役立ちます。「納期をあと1日延ばしていただけたら、より詳細なデータ分析を行うことができます」などと提案するとよいでしょう。

その他の言いかえ

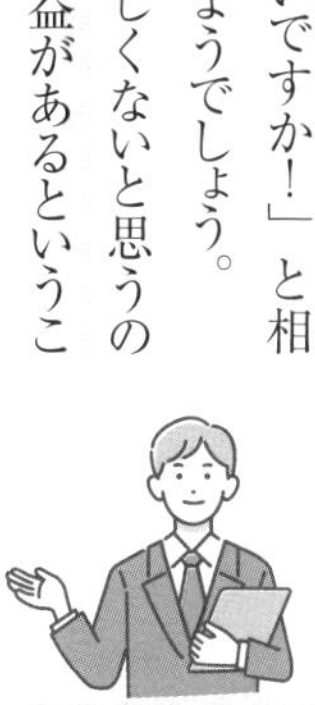

まだやらないんですか？
⇒やるなら今しかないと思いますよ。

相手の良心に訴えかける

RULE 62

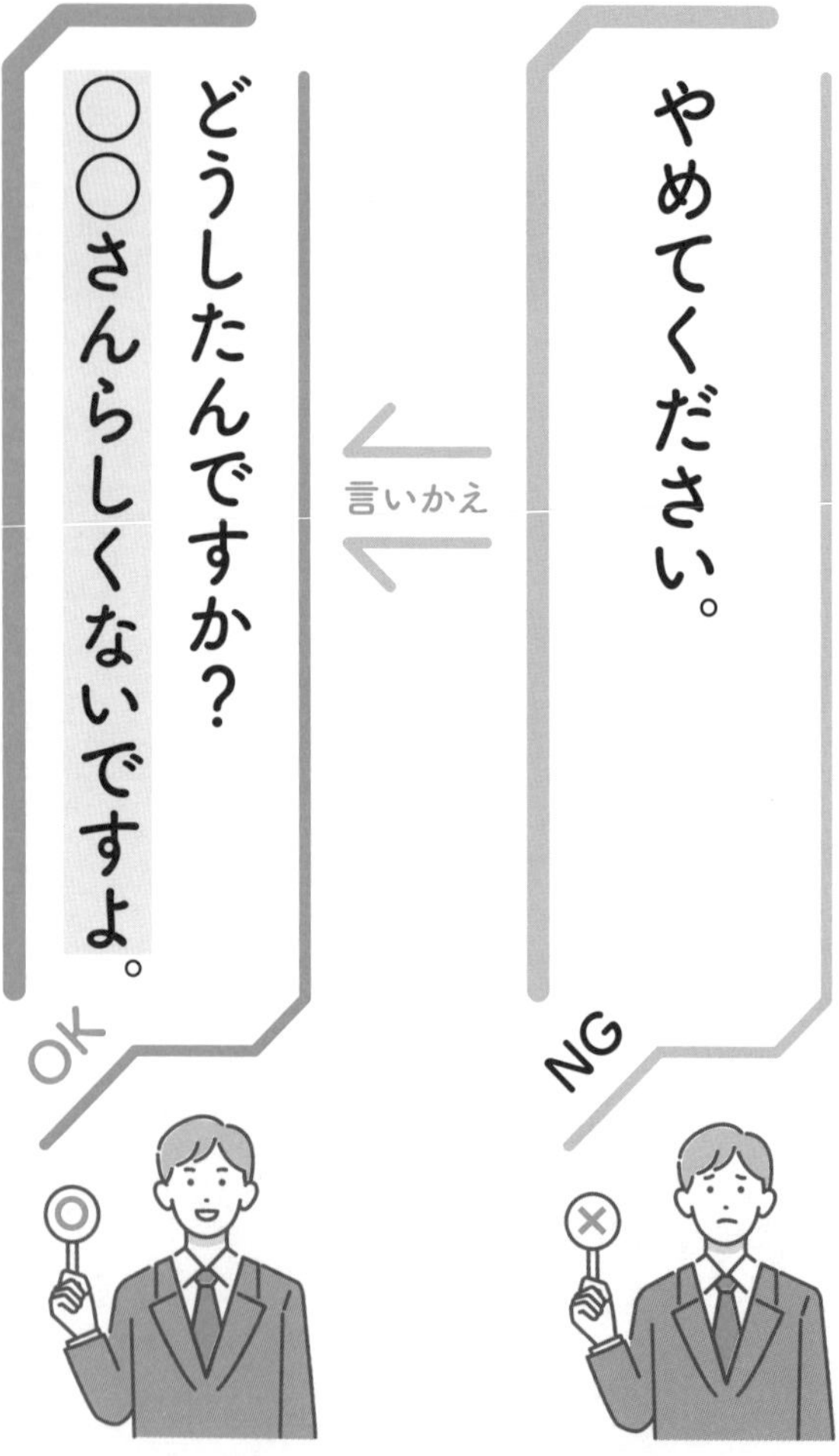

やめてください。
NG
言いかえ
どうしたんですか？
○○さんらしくないですよ。
OK

いくら目上の方や上司であっても、不正やパワハラ、セクハラなどは許されるものではありません。権力を使ったこのような行為には毅然《きぜん》とした態度で対応しましょう。

このような場合、「やめてください」「ひどいです！」と感情的に非難するより、「○○さんらしくないですよ」「○○さんは、そのような人ではないはずです」など、相手の良心に訴えかけ、こちらの失望を伝えるとよいでしょう。

お酒の場などでの行き過ぎた振る舞いや、暴言に対しても、「○○さんらしくないですよ」という言葉につけ加えて、「度が過ぎていますす」「冗談が過ぎます」と、伝えましょう。相手は「これくらい大したことないだろう」と思っている場合も多く、認識を正してもらうことが大切です。

同じ職場では言いづらいと思うかもしれませんが、「尊敬する○○さんは本来そのような人ではない」と相手を立てる表現を取り入れつつ、正気に戻るよう訴えかけましょう。

その他の言いかえ

ちょっとどうかと思いますよ。
⇒さすがに冗談が過ぎますよ。

どうしても拒絶したいときは柔らかい表現を

RULE 63

NG

おっしゃる通りにはできません。

言いかえ

OK

おっしゃる通りにはいたしかねます。

相手の要望に応《こた》えることができないとき、「それはできません」と言うのは、突っぱねるようで印象がよくありません。「いたしかねます」という表現をぜひ覚えておきましょう。「お引き受けしかねます」「お答えいたしかねます」「対応いたしかねます」などというフレーズもビジネスではよく使われます。

この言葉は、「要望に応えたいが、どうしてもできない」というニュアンスを伝えることができるので、取引先や顧客などの対応にぴったりです。「申し訳ございませんが」「誠に不本意ながら」「せっかくのお申し出なのですが」「検討を重ねてまいりましたが」などという言葉を添えて、申し訳ないという気持ちや、要望に応えるよう努力をしたことを表しましょう。

また、「○○の理由により、ご要望の方法ではいたしかねますが、△△ならば対応可能です」のように理由や代替案を伝えることで、相手と良好な関係をつくることができます（→P114）。

その他の言いかえ

ご要望の通りにはできません。
⇒**恐れ入りますが、**
ご期待には添いかねます。

COLUMN

「分かりません」にも種類を

人から何かを聞かれたときに「ちょっと分からないですね」「仰っていることがよく分からないのですが……」などと、つい答えてしまっていませんか？　「分かりません」はワンパターン化しやすいので、何種類か使い分けられるようにするとよいでしょう。

心当たりがありません。

言われたことに対して、覚えがないときの「分かりません」です。確認や探し物など、記憶の範囲で答えるべきときに使いましょう。

A社の説明は判然としない。

面と向かって人に言う表現ではありませんが、はっきりと状況が把握できないときの「分かりません」です。長いだけで要領を得ない話などが「判然としない」ですね。

どうも呑み込めません。

理屈が分からない、または人の気持ちや立場を察することができない場合の「分かりません」です。逆に、察して適切に配慮するときは、「当方で呑み込んでおります」と言います。

5章

「声かけ」で印象が グッとよくなる言いかえ

RULE 64

相づちは肯定的な言葉で

NG

嘘でしょ？

言いかえ

OK

本当に？

親しい友人との会話の中で、「嘘?」「嘘でしょ?」と言ってしまうことはよくあるでしょう。軽い雑談ならそれでも構いませんが、自分が真剣に話しているのに「嘘でしょ?」と言われたら、どんな気持ちになるでしょうか。自分の話を否定されたようで、それ以上話をする気分ではなくなってしまうかもしれません。

このような場面では、「本当に?」「そんなことがあったのですか!」のような肯定的な相づちの方が、好印象です。自分の驚きや、「もっと話を聞きたい」という気持ちを伝えることができるので、相手は「そうなんだよ。それでね……」と、気持ちよく話を続けることができるでしょう。

「嘘でしょ?」などの相づちは、口ぐせのように無意識に出てきてしまいます。ビジネスの場や、目上の方との会話の中でうっかり口を滑らせないよう、普段からポジティブな相づちを打つよう心がけたいものです。

その他の言いかえ

さすがに無理じゃないですか?
⇒実現したらすごいですね!

RULE 65

共感するのもほどほどに

NG

分かります。

言いかえ

OK

お察しいたします。

友人との会話では、「分かる！」「そうだよね」と相づちを打ちます。相手からの共感は、話す側にとって心地よいものです。

しかし、上司との会話の中ではこの共感が逆効果になることがあります。

例えば、上司が「この間、取引先とこんなトラブルがあってね。本当に大変だったよ」と言ったときに、部下が「分かります！」と言ったらどうでしょう。上司は「お前にいったい何が分かるんだ！」と不快に思うに違いありません。

このようなときは、少しあらたまった形で、「お察しいたします」と言うのがよいでしょう。この言葉は、相手の気持ちをおしはかったり、思いやったりするときに使うものです。

また、相手にとってつらい話のときは、「心中お察しします」と言うこともできます。相手が口に出すのもつらいという気持ちを思いやり、このような言葉を口にできるとよいでしょう。

その他の言いかえ

それは残念でしたね。
⇒そんなことがあったんですね。

受け取るときは「いただく」「頂戴する」

RULE 66

NG

1個もらいますね。

言いかえ

OK

お一つ頂戴《ちょうだい》します。

おみやげやお祝いの品、お中元《ちゅうげん》やお歳暮《せいぼ》など、目上の方や取引先の方から何かを受け取るとき、「もらいます」という言葉を使うと、軽い印象を与え、失礼です。「もらう」の謙譲語である「いただく」や「頂戴する」を使いましょう。

また、メールやお礼状を書く際は、さらに格式のある謙譲語「賜《たまわ》る」を使い、「お祝いの品を賜り、誠にありがとうございました」などと書くと丁寧です。

もの以外でも、例えばメールを受け取ったことを誰かに伝えるときにも、「〇〇部長からメールをもらった件ですが……」というのではなく、「メールをいただいた」「メールを頂戴した」と言いかえるようにしましょう。

「いただく」という言葉は、ほかにも「食べる」や「飲む」の謙譲語でもあります。ビジネスでもプライベートでも、何かを勧められたときに、さっと「いただきます」という言葉を使えると丁寧で品のよい印象を与えられるでしょう。

その他の言いかえ

早速商品を受け取りに参ります。
⇒早速商品をいただきに上がります。

「で」ではなく「が」を使う

RULE 67

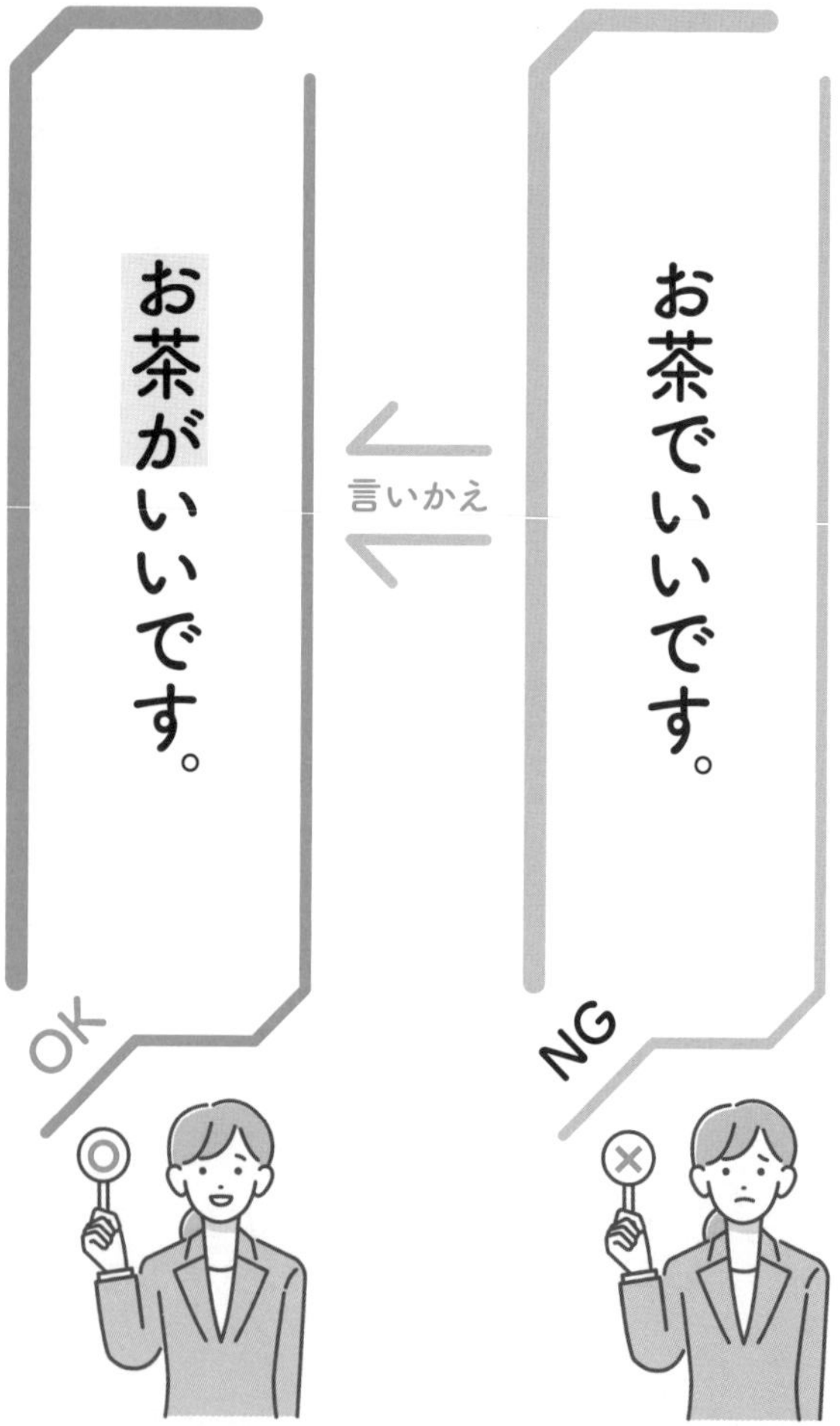

取引先などを訪問し、「お飲み物は何がよろしいですか?」と聞かれたとき、「お茶でいいです」というと、適当に返事をされているという印象を与えかねません。せっかく飲み物を出そうと思っている人に対して、失礼な態度ともいえるでしょう。

このような場合は、「お茶がいいです」、「お茶をお願いします」と伝えるように気をつけましょう。

部下からの提案に対しても、「この案でいいんじゃないかな」と答えるのは印象がよくありません。たとえ「とりあえずよしとする」程度のものであったとしても「この案がいいんじゃないかな」「私もこれがいいと思う」と言うとよいでしょう。ほんの少しの違いですが、印象がガラッと変わります。

「何でもいい」という態度は、相手への敬意や気配りに欠け、印象が悪いものです。仕事とは関係ない話だから、雑談だから、相手が同僚や部下だからと気を抜かず、言葉選びに気を配りましょう。

その他の言いかえ

この案でいいんじゃないかな。
⇒この案がいいと思うよ。

意外な「上から目線」に気をつけよう

RULE 68

NG

先ほどのプレゼンには感心しました。

言いかえ

OK

先ほどのプレゼンには感銘《かんめい》を受けました。

「感心する」とは、相手の行いなどが立派だと深く心に感じることを表します。ただし、この言葉は「評価してほめる」というニュアンスを含む表現なので、上司から部下に、先生から生徒に使うことはできますが、自分よりも目上の方に使うと大変失礼にあたります。

例えば、上司に対して「先ほどの○○さんのプレゼンテーションにはとても感心しました」「○○さんの行動にはいつも感心させられます」などと述べるのは、上司のことを評価していることとなり、上から目線の言い方になってしまうのです。こういう場合は「感銘を受けました」「素晴らしかったです」など敬服した気持ちを表す言葉に言いかえないと、失礼な人だと思われてしまいます。

このほかにも「ご苦労様です」や「頑張ってください」など、上から目線に聞こえる表現はいろいろなところに潜《ひそ》んでいます。評価する・励《はげ》ます・ほめるなどのような、上から下にすることは、目上の方に対する言葉には使わないよう心がけましょう。

その他の言いかえ

頑張ってください。

⇒ご活躍を祈念しております。

問い詰めることになる質問をしない

RULE 69

久々に会った友人に、何気なく「仕事は順調？」「うまくいってる？」などと聞いてしまうことはありませんか。このような「はい」か「いいえ」で答えを促《うなが》す質問をされると、聞かれた側は答えたくないと思っても、何か答えなくてはいけないと感じます。

このように、相手に「ＹＥＳ／ＮＯ」や二択・三択で尋《たず》ねるものをクローズドクエスチョンといいます。答えの範囲が限られているのでぱっと答えられるときもありますが、内容によっては相手に答えを強く迫るような印象を与えることもあります。

それに対して、「最近どう？」のように、答えに選択肢のない質問をオープンクエスチョンといいます。このような質問であれば、相手は仕事の話をしたくなければ「最近こんな場所に行った」など、プライベートの話を選ぶこともできます。その一方で、漠然とした尋ね方なので、親しくない間柄では、会話が弾みにくいかもしれません。そのときどきで相手の答えやすさを意識し、オープンクエスチョンとクローズドクエスチョンを使い分けましょう。

その他の言いかえ

プレゼンはうまくいった？
⇒プレゼンはどうだった？

RULE 70 試すような切り出しを避ける

NG

私のこと、覚えてますか？

言いかえ

OK

以前セミナーでお会いした〇〇です。

以前にどこかで出会った人に偶然再会したとき、相手の顔は覚えているのだけれど名前がパッと出てこない、どこで会ったのかすぐに思い出せない、ということは誰にでもあるものです。そんなときに「私のこと、覚えてますか?」と言われたらドキッとしますよね。「ああ、覚えてますよ」と言いながら会話を続けても、気分は落ち着かないでしょう。

「覚えてますか?」のような相手を試すような質問は、覚えていない人を暗に否定するかのようなものです。聞かれた方は、もし覚えていなければ気まずい思いをしますし、仮に覚えていたとしても、そういう聞き方をされたこと自体を不愉快に思うかもしれません。

この「覚えてますか?」に限らず、知っているか、理解しているかなど、相手を試すような質問をしてしまうことがしばしばあります。きちんと名乗ったり、確認したいことを自分から言ったりするほうが、きっと会話がスムーズに進むでしょう。

その他の言いかえ

朝のニュースでやっていた大手企業の合併についてはご存じですか?

⇒朝のニュースで、○○社と○○社が合併するって言っていましたよね。

「分かりました」にも丁寧な表現を

RULE 71

NG

分かりました。

言いかえ

OK

かしこまりました。

上司から何かを頼まれたとき、「分かりました！」という返事をしていませんか。「分かりました」は、親しい同僚や後輩に使うことはできますが、へりくだりの表現ではないので、目上の方に使うのは避けましょう。

目上の方に対して返事をするときは「かしこまりました」を使うのが適切です。「かしこまる」とは相手に対し、恐縮する気持ちを表すもの。理解し、指示を受け入れたことを控《ひか》えめな態度で伝える表現です。取引先やお客様からの電話を取り次ぐ際も、「〇〇ですね。かしこまりました。少々お待ちくださいませ」や、「〇〇の件ですね。かしこまりました。担当に申し伝えます」などと答えると好印象です。

また、「承りました」という言い方も覚えておくとよいでしょう。「承る」は相手の意向や依頼を確かに引き受けたときに使う言葉です。お客様などに対し、「ご注文を承りました」「私がご用件を承ります」のように使います。

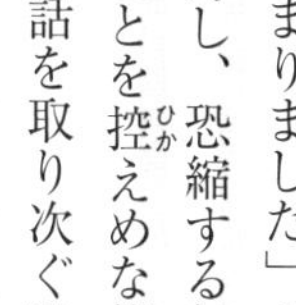

その他の言いかえ

内容は分かりましたので、来週中にお返事いたします。

⇒ご用件は承りましたので、来週中にお返事いたします。

RULE 72

イラッとしたときも落ち着いて返事を

NG

ご心配いただく必要はありません。

言いかえ

OK

ご配慮ありがとうございます。順調ですので、ご安心ください。

自分が担当している業務について、上司から「あれってどうなってる?」と聞かれた場合、普通なら「今週中には仕上がります」などと答えるところですが、急《せ》かされているように感じたときなど、ついイラッとして「ご心配いただく必要はありません!」などと答え、上司を怒らせてしまうこともあります。

もし仕事が問題なく進んでいるのであれば、「順調です。お任せください」とポジティブな返事をすると相手も安心できます。その上で、「あと○日ほどで終わりそうです」「もし分からないことがあったら相談させていただけますか?」などとつけ加えるのもよいでしょう。そのあとは、先回りして報連相《ほうれんそう》を心がけるのも一つの手です。

順調に進んでいる仕事で進捗《しんちょく》を確認されたとき、似たような質問を何度もされているとき、以前から忠告していたのにミスをされたときなど、働いている中でイラッとする場面は多々ありますが、そんなときにも反射的に答えず、一呼吸置いてポジティブな返事を心がけたいものです。

その他の言いかえ

また何か問題が起きたのですか?
⇒ご不明なことをお知らせいただければ、説明いたします。

RULE 73

「謙遜のしすぎ」は かえって印象が悪くなる

NG

いいえ、
そんなことないですよ。

言いかえ

OK

○○さんにご指導
いただいたおかげです。

誰かにほめられたとき、「そんなそんな」「そんなことないですよ」などと謙遜《けんそん》することはありませんか。

日本では謙遜することが美徳とされる文化がありますが、あまりに謙遜しすぎたり、「私なんて、たいしたことないですよ」のように自分を卑下《ひげ》したりするのはやめましょう。せっかくのほめ言葉を否定していると捉えられ、相手に不快感を与えてしまうこともあります。

例えば上司から「よく頑張ったね」「いい結果を出せたね」とほめられたら、まずは「ありがとうございます」と受け止めましょう。その上で、「○○さんのおかげです」「○○さんにご指導いただいたおかげです」と感謝の言葉を述べると好印象です。

また、仕事で関わりのない目上の方からほめてもらったときは、「○○さんのような方にほめていただけるなんて、光栄です」「○○さんにそう言っていただけると励《はげ》みになります」などと、相手に敬意を表する言葉をつけ加えてもよいでしょう。

その他の言いかえ

まぐれですよ。

⇒今回は条件にも恵まれまして。
引き続き精進します。

2つの意味に取れる返事を避ける

RULE 74

「大丈夫」という言葉は、肯定にも否定にも取れる大変あいまいな言葉です。例えば最近は飲食店などで「お水をお持ちしましょうか?」と聞かれたときに、不要という意味で「大丈夫です」という人が増えていると言われています。しかし、ビジネスにおいて、このようなあいまいな返事をすると、後々大きなトラブルに発展しかねません。

トラブルを避けるために、目上の方の意見に賛成するときは「異議はありません」「賛成です」と、はっきり述べましょう。同僚などとのカジュアルなメールであっても「(その内容で)問題ありません」「差し支えありません」など、賛同している旨《むね》をきちんと伝えることが大切です。

同じように「結構です」も、肯定とも否定とも取れる返事です。どちらかというと否定のときに使うことが多いかと思いますが、申し出を断るなら「遠慮させていただきます」など、相手が意味を取り違えないような返事を心がけましょう。

その他の言いかえ

結構です。

⇒遠慮させていただきます。

返事のときにあいまい言葉はNG

RULE 75

NG

できたらやります。

言いかえ

OK

できるか確認して後ほど連絡します。

あいまいな表現はお願い（↓P56、58）でも謝罪（↓P90）でもNGですが、返事でもNGです。例えば何かを依頼されたとき、「できたらやります」というはっきりしない返答をすると、相手はいつまで待てばよいのか分からず、別の人に声をかけることもできません。また、「できたらやる」という言葉は、ほかのことより優先度が低く、投げやりな印象を与えるため、相手も「だったらほかの人に頼むよ」と言いたくなってしまうでしょう。

依頼を受けたら、まずは相手の希望を聞き、「○日までお時間をいただければできます」「今はほかのプロジェクトを進めているので、○日以降でもよいでしょうか？」など、現在の自分の状況を伝えながら、できるかできないかをはっきりと伝えましょう。

すぐに返事ができない場合は、「今すぐに返事ができないので、明日の午前中までにご連絡させていただきます」などと返事をする期日を具体的に伝えると相手も安心します。

その他の言いかえ

もし何か分かったらご連絡いたします。
⇒お調べして
今月中にご連絡いたします。

ほめるときは具体的な言葉で

RULE 76

NG

すごいね。

言いかえ

OK

スライドの資料が見やすかったよ、さすがだね。

「すごい！」「やるね！」は定番のほめ言葉ですが、口先だけで言っているように聞こえると、逆に相手をイラッとさせてしまいます。

そもそも「すごい」などのほめ言葉は、「感心しました」（↓P154）と同様、相手を上から評価する言葉に聞こえることもあり、こういうものは目上の方に使うのはNG。「部長、先ほどのプレゼンはすごかったですね」などと言ってしまいがちですが、不適切な表現なので気をつけましょう。

また、ほめるときは具体的な言葉を添えると、感動した気持ちがより伝わりやすくなります。同僚や後輩をほめるときも、「この間の会議での報告、すごく分かりやすかったよ。さすがだね」などと、何がよかったのかを伝えましょう。

目上の方に対しては、「部長のプレゼンはお見事ですね。あの説得力、勉強になります」などと伝えるとよいでしょう。また、「ぜひプレゼンのコツを伺いたいです」などとつけ加えると、上司も気分よく答えてくれるはずです。

その他の言いかえ

そのアイデア、面白いですね。
⇒そのアイデア、うちの強みが生かせて面白そうですね。

「は」ではなく「も」を使う

RULE 77

NG

パソコンには詳しいよね。

言いかえ

OK

パソコンにも詳しいよね。

例えば、すれ違いざまに同僚から「今日は元気だね」と言われたとします。あなたはどう感じるでしょうか。きっと「いつもはそんなに元気がないように見えるんだ」などと思うのではないでしょうか。それは、助詞の「は」に比較のニュアンスがあるからです。同じように、「パソコンには詳しいよね」とほめると、相手は「ほかのことはダメだと言われているんだ」と感じてしまいます。これでは、あなたはただ単にほめたいだけだったとしても、相手はどことなくバカにされているような気持ちになってしまいます。

そういった事故を防ぐためには、「パソコンにも詳しいよね」と言うようにしましょう。こうすれば「ほかのこともよくできている上に、パソコンにも詳しいんだね」という意味に受け取ってもらえて、あなたのほめたい気持ちがストレートに伝わるでしょう。

ひらがな1文字ですが、「は」を「も」にするだけで、言葉からトゲをなくし、相手によい印象を持ってもらうことができるのです。

その他の言いかえ

今回はいい出来だったじゃない。

⇒今回もいい出来だったじゃない。

お礼は「丁寧にする」ことで感謝が伝わる

RULE 78

NG

手伝ってもらったおかげで、何とかなりました。

言いかえ

OK

おかげさまで無事に終えることができました。

不慣れな業務や急ぎの案件などを同僚に助けてもらう場面はよくあるでしょう。そんなときは、親しい間柄であっても、きちんとお礼の言葉を述べることで、お互いに気持ちよく仕事をすることができます。

「何とかなる」という言葉は、「ぎりぎり滑り込んだ」だけという印象を与えることもあります。「おかげさまで無事に終わりました」という表現にすることで、「あなたが手伝ってくれたおかげで、しっかりと業務を完了できた」という気持ちを表すことができます。それにより、相手も「手伝ってよかった」と感じられるでしょう。

また、目上の方や取引先などに手伝ってもらったり、援助を受けたりした場合は、「お力添え」や「ご尽力」という言葉を使います。ビジネスメールなどでは、「ひとかたならぬご尽力を賜《たまわ》り、感謝申し上げます」「このたびはお力添えいただき、誠にありがとうございました」などのようにあらたまった表現を使えば、一層感謝の気持ちが伝わるでしょう。

その他の言いかえ

助けていただいてありがとうございました。
⇒このたびはお力添えいただき、
誠にありがとうございました。

RULE 79

場面に応じてお礼を使い分ける

NG

わざわざ来ていただき、
ありがとうございます。

言いかえ

OK

ご足労いただき、
ありがとうございます。

「来ていただく」でも間違いではありませんが、あらたまった場面で相手が来てくれたことに対する感謝を表せる「ご足労をいただき」という表現も覚えておきましょう。

「足労」というのは、文字通り、足を疲れさせるという意味で、自分から出向かず、相手にわざわざ来てもらった手間を思いやる言葉です。また、遠方からの来客には「遠路はるばるおいでいただき」「遠いところお運びいただき」を使うと、より気持ちが伝えられます。ビジネスの相手なら「お忙しいところ、ご足労をいただきありがとうございます」と、時間をかけてくれたことへの感謝を表すとよいでしょう。

ほかにも、手伝ってもらったときは「お力添えいただき」（→P175）、人を紹介してもらった場合は「お取り成しいただき」など、場面に応じ、相手の尽力を汲み取ったお礼の言葉が使い分けられれば、感謝の気持ちがより伝わりやすくなります。

その他の言いかえ

ご紹介いただき、ありがとうございます。

⇒お取り成しいただき、ありがとうございます。

COLUMN

相づちのさしすせそ

普段何気なく打っている相づちですが、気がつくと「ええ……ええ」と、同じものばかり使っていませんか？　それでは、会話のテンポが悪くなり、盛り上がりに欠けます。
基本の「さしすせそ」から始めて、相手を立てるいろいろな相づちを適度に打てるようになれば、雰囲気がよくなりますよ。

さ「さすがですね！」

し「知りませんでした！」

す「すごいですね！」

せ「センスいいですね！」

そ「そうなんですね！」

6章

「文書・メール」で必ずチェックしたい5つのポイント

敬称は一つで十分 RULE 80

NG

総務部 ○○部長様

言いかえ

OK

総務部部長 ○○様

習慣とは恐ろしいもので、普段から「名字（+名前）+様」の形に慣れていると、どんなときも必ず「様」がついていないといけない気がします。そんな習慣のせいで、ついうっかりやってしまうのが、「二重敬語」ならぬ「二重敬称」です。

例えばビジネスメールの最初に「総務部 ○○部長様」と書くと、最後に「様」があるのを見て安心してしまいがちですが、「部長」も「様」も敬称なので、これでは敬称が重なってしまっています。だから、ここは「総務部 ○○部長」でよいのです。また、もし「様」がないと落ち着かないのであれば「総務部部長 ○○様」としてもよいでしょう。

名前ではありませんが、同じく間違いやすいのが「関係者各位」。「各位」は「皆様」と同じように敬称として使っている言葉ですので、実は「関係者様各位」とすると、同じように二重敬称になってしまいます。「みんな宛に送るメールは○○各位でよい」と覚えておきましょう。

その他の言いかえ

関係者様各位
⇒関係者各位

文章では「書き言葉」を使って大人な雰囲気に

RULE 81

NG

たぶん難しいと思います。

言いかえ

OK

おそらく難しいと思います。

言葉には書き言葉と話し言葉があり、これは私たちが意識している以上にはっきりと分かれています。そのため、話し言葉の表現はあまり文章に馴染まず、混ぜると違和感が出てしまいます。

特にビジネスメールなんかの固い文章で話し言葉をいっぱい使ってると、たぶん読んでる人に「幼い人だなぁ」って思われちゃいますよ。右の文いかがでしょうか。まさに「幼い人だなぁ」とか、そこまでいかないとしても、違和感を覚えた方は多いのではないでしょうか。

裏を返せば、同じ文章でも、3種類のことに気をつけるだけで、ずっと知的に見えるようになります。

1つ目は「たぶん」であれば「おそらく」など、文章でよく見る言葉に言いかえること。2つ目は「ら抜き言葉」や「れ足す言葉」などの間違いを正すこと。3つ目は、「~しちゃう」などのくだけた表現を「~してしまう」などのもとの形に戻すことです。

この3つに気をつければ、ほかの単語は同じでも、ずっとしっかりした文章に見えるでしょう。

その他の言いかえ

この前、東京の商談会に行ってきたんですが……
⇒先日、東京の商談会に行ってきたのですが…

略語を使うのは確実に伝わる場合だけ

RULE 82

MGRに報告をしてください。
NG
言いかえ
マネージャーに報告をしてください。
OK

こうしたアルファベットの略語は社内向けの文書やメモ書きなどで目にしますが、どの会社でもみんなが使っているわけではありません。先方で使われていないかもしれないと考えると、他社へのメールなどで使うのは控《ひか》えたほうがよいでしょう。

また、こうした略語には使用を避けるべき別の理由もあります。例えば「先ほどの新商品の企画ですが、ＦＢをお願いします」というメッセージはどうでしょう。ＦＢは「フィードバック」とも「フェイスブック」とも読むことができるので、この文章は「新商品の企画概要について、ご意見をいただけませんか」または「新商品の紹介をフェイスブックにしていただけませんか」の二通りに読めます。ほかにも、ＣＭＳといったら「コンテンツ管理システム」だったり「カラー」や「キャッシュ」の管理システムだったりもします。

「そもそも相手に通じない」「誤解が生じやすい」という点から、確実に意味が通じる場合以外は、正式な名称を使うようにしましょう。

その他の言いかえ

明日のＭＴＧですが、
13時開始でお願いします。
⇒明日のミーティングですが、
13時開始でお願いします。

主語と述語の対応を確認しよう

RULE 83

NG

今年の目標は、新規顧客を開拓し、利益を20%アップしたいです。

言いかえ

OK

今年の目標は、新規顧客の開拓による、利益の20%アップです。

よく「文章の書き方」の本で指摘されるのが「主述のねじれ」や「文章のねじれ」です。名前の通り、主語と述語がかみ合っておらず、読みにくくなってしまった文章のことです。

NG例を注意して読むと、主語である「目標は」と述語の「アップしたいです」がつながっていないことに気づくと思います。このような状況を「主述のねじれ」と言います。

このような間違いを防ぐためには、文章の主語と述語だけをつなげて確認してみましょう。OK例の文であれば「目標は、20%アップです」となり、おかしくありません。

また、長い文章や要素が多い文章は特にねじれやすいので、いくつかに区切ることも考えましょう。概ね50～60字を目安に、長くても100字以内に収まるのが適度な長さです。それ以上の長さの文章や、いくつもの要素を含んでいる文章は、思い切って分けた上で、一度読み返して全体の流れを整えるとよいでしょう。

その他の言いかえ

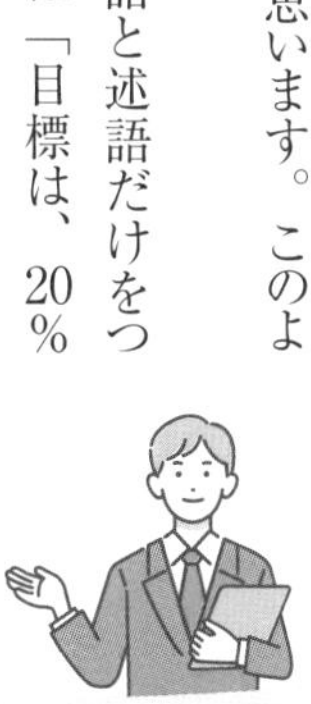

主述のねじれとは、主語と述語がかみ合っていません。

⇒主述のねじれとは、主語と述語がかみ合っていない文のことです。

複数の意味に取れないか読み返して確認しよう

RULE 84

NG

請求書は、白い引き出しの上のケースに入れてください。

言いかえ

OK

請求書は、引き出しの上の白いケースに入れてください。

複数の意味に取れる文章は悪文の代表例です。特に厄介《やっかい》なのは、書く側は「こういう意味の文章だ」と思って書いているので、別の意味に取れることになかなか気づかない、というところ。そのため、こういうミスはよく見過ごされてしまうのです。

例えば、NG例では「白い」のが「引き出し」とも「ケース」とも読めます。このままでは、読んだ側は「白い引き出し」の上にあるケースに請求書を入れたのに、書いた側は引き出しの上にある「白いケース」ばかりを確認しており、全く支払いがされない……ということもあり得てしまいます。

このような状況を防ぐために、修飾する言葉と修飾される言葉は近くに置くようにしましょう。これだけでもNG例のような問題を避けられます。また、一度書いた文章は、少し間をあけて新鮮な気持ちで読み返すとよいでしょう。自分の中の「つもり」がなくなると、意外と「あれ？　この文章、おかしい！」と気づくものです。

その他の言いかえ

請求書は、白い引き出しの上のケースに入れてください。

⇒請求書を入れるケースは、白い引き出しの上にあります。

COLUMN

読み方を間違いやすい漢字

「読めない漢字」というのは、クイズで出されるような難しい漢字だけとは限りません。誤った読み方が広まり、周囲がそれを使っている結果、最初から間違った読み方で覚えている、という場合もあります。ビジネスシーンでもよく見かける下の熟語、正しく読んでいましたか？　ページ下部の答えで確認してみましょう。

完遂 A.かんすい B.かんつい	早急 A.そうきゅう B.さっきゅう
相殺 A.そうさい B.そうさつ	重複 A.ちょうふく B.じゅうふく
凡例 A.ぼんれい B.はんれい	汎用 A.はんよう B.ぼんよう

答え：完遂(A)、早急(B)、相殺(A)、重複(A)、凡例(B)、汎用(A)

[監修]

吉田 裕子（よしだ ゆうこ）

国語講師。大学受験Gnobleで現代文・古文・漢文を指導するほか、企業研修やカルチャースクールなどで言葉づかいや文章の書き方、古典入門などの講座を担当している。三鷹古典サロン裕泉堂を運営。著書も多数あり、『大人の語彙力が使える順できちんと身につく本』（かんき出版）は10万部を超えるベストセラーとなった。
三重県出身。東京大学教養学部・慶應義塾大学文学部卒業、放送大学大学院修了。

[主要参考文献]

印象が飛躍的にアップする大人の「言い方」練習帳／吉田裕子著（総合法令出版）
大人の語彙力使い分け辞典／吉田裕子著（永岡書店）
会社では教えてもらえない人を動かせる文章のキホン／吉田裕子著（すばる舎）
よけいなひと言を好かれるセリフに変える言いかえ図鑑／大野萌子著（サンマーク出版）
大人の語彙力ノート／齋藤孝著（SBクリエイティブ）

監修　吉田裕子
イラスト　ニワトコ / PIXTA（ピクスタ）
装丁デザイン　大場君人
本文デザイン　尾本卓弥（リベラル社）
編集　安田卓馬（リベラル社）
編集協力　宇野真梨子・秋元薫
近藤碧（リベラル社）・春日井ゆき恵（リベラル社）
編集人　伊藤光恵（リベラル社）
営業　津田滋春（リベラル社）
制作・営業コーディネーター　仲野進（リベラル社）

編集部　山田吉之・鈴木ひろみ
営業部　津村卓・澤順二・廣田修・青木ちはる・竹本健志・持丸孝・榊原和雄

感じのいい言葉で話せる
大人の言いかえサクサクノート

2021年11月30日　初版

編　集　リベラル社
発行者　隅 田　直 樹
発行所　株式会社 リベラル社
〒460-0008　名古屋市中区栄3-7-9　新鏡栄ビル8F
TEL 052-261-9101　FAX 052-261-9134
http://liberalsya.com

発　売　株式会社 星雲社（共同出版社・流通責任出版社）
〒112-0005　東京都文京区水道1-3-30
TEL 03-3868-3275

 ISBN978-4-434-29574-4　C0030